中國古典數字工程叢書

炎帝集

六卷

新世界出版社

图书在版编目（C I P）数据

炎帝集 / 栾贵明主编. -- 北京 : 新世界出版社,
2015.11
（中国古典数字工程丛书）
ISBN 978-7-5104-5468-4

Ⅰ. ①炎… Ⅱ. ①栾… Ⅲ. ①炎帝—文献—汇编
Ⅳ. ①K827=1

中国版本图书馆CIP数据核字(2015)第270716号

炎 帝 集

主　　編：欒貴明
責任編輯：張世林
版式設計：陳　飛
封面設計：賀玉婷
責任印制：李一鳴　黄厚清
出版發行：新世界出版社
社　　址：北京市西城區百萬莊大街24號（100037）
總編室電話：+86 10 6899 5424　　6832 6679（傳真）
發行部電話：+86 10 6899 5968　　6899 8705（傳真）
本社中文網址：http://www.nwp.cn
本社英文網址：http://www.nwp.com.cn
版權部電子信箱：nwpcd@sina.com
版權部電話：+86 10 6899 6306
印　　刷：北京亞通印刷有限責任公司
經　　銷：新華書店
開　　本：710×1000　1/16
字　　數：70千字　　　印　　張：7.75
版　　次：2016年1月第1版　2016年1月北京第1次印刷
印　　數：1－4000册
書　　號：ISBN 978-7-5104-5468-4
定　　價：38.00 圓

編輯人員

名譽主編　胡德平

主　　編　欒貴明

副 主 編　張世林　賴永海　田　奕

編　　委　陳　飛　淨　因　修崍榮　蔡慕雷　張怡芳　裴效維
王　梅　王　琦　范業強　寒小風　白小麥　林　滄
陳曉雲　董　磊　崔昌喜　萬春蓮　胡曉鐘　胡竹君
朱　婷　曹世超　胡　敏　李　偉　陳　駿　張駿龍
譚媛媛　李瑞娟　鄭珍珍　秦冀斌　李　東　孫國君
陳瑞榮　周松梅　繆京玉　趙雲英　任　剛　任　紅
張曉光　魏國慶　朱　明　劉偉成　艾　瑩　于俊文
劉叢叢　歐陽志方

校　　對　陳瑞蘭　李進英　李進榮　李　靜　李　杰　周玉蘭
趙麗媛　譚淑苹　劉　培　付蓓瑩　楊萬里

題辭

拾穗靡遺，掃葉都淨，網羅理董，俾求全徵獻，名實相符，猶有待於不恥支離事業之學士焉。

錢鍾書默存

《管錐編》第三册八五四頁《總敘》
中華書局一九七九年八月第一版

炎帝小傳

炎帝，即神農帝。生于姜水，因姓姜。以火德王，亦以火紀官，故又稱炎帝。一云赤帝，一云有焱氏。始作耒耜，興農業，號神農氏，一云農皇。起於烈山，故亦曰烈山氏。一云厲山氏，亦曰連山氏。一云朱襄氏，亦曰伊耆氏。嘗百藥而寒溫之性，君臣佐使之義，後世傳為神農本草。又作方書以療民疾。復演八卦而為六十四卦，名曰歸藏。都陳，後遷曲阜。立市廛以通貨財，始作五絃之琴，以合神人之和。作扶持之樂，亦曰下謀。在位一百二十年而崩，一說在位一百四十年，傳八世五百三十年。又有云傳十七世，一云七十世。其事蹟於《史記》《漢書》《後漢書》《三國志》《宋史》《清史稿》等史書中均有記載。

凡例

甲、緣由

六千五百年中華文化，其核心為漢字記錄之典籍。我們的文化，很好的文化，是一個個中國人所創建；「經史子集」和外來圖書分類法，不足以全面呈現中華文化。「自信開拓萬古之心胸」的錢鍾書先生上列論斷，焦琴有聲，聞風響應。涓涓細流，從者如泉，不舍晝夜。他對文化和電腦聯姻寄以厚望，中國古典數字工程依此邁出艱難一小步。

乙、目標

從一九八五年至今，工程按規劃，首度構建四十萬人組成的人物庫，每位錄載名字號謚、皇朝帝代、年齒爵里、科舉仕途、詩文專著及文獻出處等多項基本信息。其中上自羲農，下迄北宋，已得一萬伍千人存世全集，本叢書依此一一編出，當是本工程副產品之一。預計最終完成會有四萬人左右。以保存為目的，以研討為服務對象的「萬人集」由此而生。

丙、原則

遵從孔子「中庸之為德」「述而不作」之原則，貫徹錢師所謂「做裁縫不做外科醫生」之科學理念，故對於一切爭議兼收並蓄，不捲入爭論，不為人師，不設門派，不下結論，不遮風避雨，不空耗紙墨，惟以盡力提供完整資料為己任。

丁、底本

兼顧良善珍稀和方便通行，構建自主之底本，一律注出而不詳加論述。其它版本之中採納已經驗證之字句灼見，亦注明來源，以示對先輩尊重。而對民族和政治傾向偏執之《四庫全書》等，當慎之又慎，非僅存孤本，一般謝絕採用。歷代文獻及目錄史料當中，有關先秦時期典籍咸少記錄。其文本又經千年學眾搜集、勘定、補充、傳承，面貌多存變化。然太昊、神農、黄帝等九位帝王或他們的時代肇始之功不可泯失。我們考慮到炎黄二集有重大意義，故單獨成書。從太昊氏至夏禹之前，編作《太古帝王集》。本書體例不改，在文字中人名、地名、史實倒置的流轉情狀，特別是語句「現代化」傾向一律不做考證、删改、修正，我們重申尊重文化發展的通則。

戊、編例

一、秩序

本集所收作品大致分為舊存、新輯、專著三個部分。取清嚴可均氏等遺存著作，再經校核或加載不同版本異文，是為舊存。新輯者，則由本工程從電腦系統逐條搜獲所得。專著部分，則選取通行良善版本或前或後置之，或標卷標之下。

二、標題

編入作品，如舊存標題，儘量沿用。如標題相同，則在其下加添編號。當新舊文字混編時，對於舊存內容，在其標題之下標以「＊」，或逕直注出。

三、正文

新得部分取出處最早或版本較優者。例如出自二十四史者，則選用百衲本，並以《叢書集成》等其它版本補充。如果注釋內容偏少，則祇收和注釋相關的正文或將正文移作標題。惟因本集收集文字甚遠，歷數千年流傳，文字數番譯轉，甚至變化不可名狀，多疑有後人所添改。先代鴻儒，偶有鍾情西方文化者，采用考古之行例，甚至司法之定律，將文獻視同文物，將千百年演化視作一時之突變，把文字演化傳承認定為傳說故事，三墳五典八索九丘概歸子虛烏有，從而否定古代文典之可信成分。吾輩祇知忠實於現存珍貴文字，便利專門家做出適當判斷，故編者不做「考辨」。正文以原文為起迄，對該文述及之緣由乃至所引發之後果，作為題下小序、補語或語境存證，多予保留。

四、異文

「異文」包括作者、標題、序言、正文等。其異文或自成門派，或出多家，或載他本，有可供參考者，則於該段正文後，以先本書再他書為序，列作異文，各條異文，以引文為序。當年錢師審讀田奕碩士論文《論宋詞查重》時說，電腦查重，詞比詩難，中比西妙。不必再行手工費力露拙，僅止「盡量提供」足矣，不多寫，不上課。本書另置有「附錄」，收錄較異文繁雜之參考文字，則收於適當位置。專著部分，則以標題或節段為單位，在近處依次記錄異文，並在其下標明出處。異文項僅取必要之文，不取底本之外確知為舛錯之字；更不輕取無版本依據之字，無異作者又無異文者不再引錄。由於本叢書使用電腦編輯，最終將流歸鉅大「數字工程」，因此本書編輯必須適應古籍校、注、疏、箋多樣內容及格式。本書「異文」立「多取數字」為對位原則，俾令笨直之電腦能將異文準確頂入文本，參與多門運算。為適應古籍以及電腦之雙重特性，恰如錢師所言「能幫助人的電腦需要人的更多幫助」也。

五、出處

凡所輯錄文字，均於正文後注為第一出處。出處先注作者朝代、作者姓名，再標作品名稱、卷數章節。而對《太平御覽》《永樂大典》等名籍則不注朝代和作者。若文出多家，第二出處以下不涉文字異同，祇示參見。異文的出處同樣標為雙行小注。若同一出處多條，則於最後一條下標出處，或加「以上」兩字。專著和注作的出處，前置「以下」起始，必用「以上」作結。

六、標點

本書標點採用傳統斷句、依事分段格式，以適古來各式之文體及電腦運作。

七、附錄

每朝每代均存遠貸署名之作，雖文字內容、風格與所屬時代多呈不符，其語句多為歷代所引，但又有留存參觀必要者，作為附錄。某些作品，尚未為歷來學界認同，則在全書最後之「參考書目」中羅列。目錄過繁則加排索引以供參證考索。

己、致歉

今編新集，係藉數字工程之助，統於士人之心智，佐以電腦之良能。惟其首創，或珠遺滄海，或李戴張冠；將欲絕之，奚敢云必。所幸通人大雅，有以諒解。至於指謬正訛，無任歡迎。再版當益趨完善。

庚、追遠

追溯工程創建之初，實承默存先生授命。規模架構，定在厥先；持之三十餘年，略收成效。今此支離輯錄，可見一斑；藉告在天，或堪少慰。欲將為山，功在不捐；繼大匠以先知，庶後來之可述。

炎帝集目錄

炎帝集卷一 舊存

神農之禁

春夏之所生。不傷不害。群書治要・六韜・虎韜篇

神農之數

一穀不登。減一穀。穀之法什倍。二穀不登。減二穀。穀之法再什倍。夷疏滿之。無食者予之陳。無種者貸之新。管子・揆度

神農之法

丈夫丁壯不耕。天下有受其飢者。婦人當年不織。天下有受其寒者。文子・上義

異文 士有當年而不耕者。則天下或受其飢矣。女有當年而不織者。則天下或受其寒矣。呂氏春秋・愛類　藝文類聚卷一一・帝王部・神農氏　初學記卷九・帝王部・總敘帝王　太平御覽卷七八・皇王部三・炎帝神農氏

丈夫丁壯而不耕。

婦人當年而不織。以上淮南子卷十一・齊俗訓

神農之教

有石城十仞。有湯池百步。帶甲百萬。而亡粟。弗能守也。（漢食貨志）

異文湯池百步。

不能守。（以上北堂書鈔卷一百六十·地部四·石篇十六）

金城十仞。湯池百步。帶甲十萬。而無粟者。不能守也。（唐·李筌·太白陰經卷五）

金城千里。湯池百步。而無粟者。弗能守也。（唐·薛稷·臨難不顧徇節寧邦科策第三道）

湯池百步。帶甲百萬。而無粟。不能守也。（藝文類聚卷六三·居處部三）

而無粟。弗能守也。（資治通鑑卷十五·漢紀七）

神農書其一

禾生于棗。出于上黨羊頭之山右谷中。生七十日秀。六十日熟。凡一百三十日成。忌于寅卯。

神農書其二

黍生于榆。出于大梁之山左谷中。生六十日秀。四十日熟。凡一百日成。忌于丑。

神農書其三

大豆生于槐。出于沮石之山谷中。九十日華。六十日熟。凡一百五十日成。忌于卯。

神農書其四

小豆生于李。出于農石之山谷中。生六十日華。五十日熟。凡一百一十日成。忌于卯。

神農書其五

秫生于楊。出于農石之山谷中。七十日秀。六十日熟。凡一百三十日成。忌于午。

神農書其六

蕎麥生于杏。出于農石之山谷中。生二十五日秀。五十日熟。凡七十五日成。忌于子。

神農書其七

麻生于荊。出于農石之山谷中。生七十日秀。六十日熟。凡一百三十日成。忌于未午辰亥。

神農書其八

小麥生于桃。出于須石之山谷中。生二百日秀。三十日熟。凡二百三十日成。忌于子。

神農書其九

稻生于柳。出于農石之山谷中。生八十日秀。七十日熟。凡一百五十日成。忌于亥。

神農書其十

五穀以生長日種者多實。以老死日種者無實。又難生。以忌日種之。一人不食。

神農書其十一

禾生于巳。疾于酉。長于子。老于戌。惡于丙丁。忌于寅卯。

神農書其十二

黍生于寅。疾于午。長于丙丁。老于戌。死于申。惡于辰。忌于丑。

神農書其十三

豆生于申。疾于子。長于壬。老于丑。惡于甲乙。忌于丙丁。

神農書其十四

麥生于酉。疾于卯。長于辰。老于午。死于巳。惡于戌。忌于子。

神農書其十五

太歲在四季。葶藶子熟時可種禾豆。夏至時可種黍麻。夏至後百日。地氣上時可種麥。太歲在四仲。椹熟時可種禾豆。夏至可種黍麻。夏至後九十日。地氣上可種麥。太歲在四孟。以蠶眠起時可種禾豆。夏至前五十日可種稻黍麻。夏至後八十日。地氣上可種麥。

神農占其一

正月上朔。有風雨。三月穀貴。石五百錢。

神農占其二

八月。有三卯。旱。麥大善。無三卯。麥不善。

神農占其三

凡蟲食李。則黍貴。食棗。粟貴。食杏。麥貴。食荊。麻貴。食桑。絲貴。

神農占其四

正月上朔日。風從東來。植禾善。從南來。植黍善。從北來。稚禾善。

神農占其五

四月四日。風從東來。植豆善。西來。四日至七日。中豆善。七日至十日。稚豆善。十四日無風。不種豆。

神農占其六

從冬至日到來年。滿六十日。有大風雨折樹木。麥大善。從平朔至食時。植麥善。至日中。中麥善。至日入。稚麥善。常以夏至後九十日可種。

神農占其七

四月朔日。風從東來。從平明至辰時。植黍善。至日中。中黍善。至日入。稚黍善。

神農占其八

月朔日入。清明蠶善。

神農占其九

正月有甲子。糴初貴後賤。

神農占其十

正月上辛。溫者善。風寒者不好。以上開元占經卷一一一

有猋氏頌

聽之不聞其聲。視之不見其形。充滿天地。苞裹六極。莊子·天運

炎帝集卷二 新輯

神農書其一

神農書曰。

湛濁為地。（藝文類聚卷第六·地部·地）

神農書其二

神農書云。

夏日成養。（北堂書鈔卷一五四·歲時部二·夏篇八）

神農書其三

神農書曰。

冬至陰陽合精。天地交讓。天為不濕。地為不凍。君為不朝。百官為不親事。不可出遊。必有憂悔。（太平御覽卷二八·時序部一三·冬至）

神農書其四

神農書云。

脾脈不可見。見則人必死。宋・張栻・南軒易說卷一

神農書其五

神農書所謂。

鸕鷀不卵生。口吐其雛。宋・陸佃・埤雅卷六

異文而吐其雛。宋・蔡卞・毛詩名物解卷八

神農書其六

神農書曰。

鯉最為魚之主。宋・陸佃・埤雅卷一

神農書其七

神農書曰。

萍能勝酒。宋・劉敞・公是七經小傳卷中　宋・孫奕・示兒編卷三

神農四經其一

抱朴子曰。神農四經曰。

上藥令人身安命延。昇為天神。遨遊上下。使役萬靈。體生毛羽。行廚立至。

神農四經其二

又曰。

中藥養性。下藥除病。能令毒蟲不加。猛獸不犯。惡氣不行。眾妖併辟。

神農四經其三

又曰。

五芝及餌。丹砂。玉札。曾青。雄黃。雌黃。雲母。太乙禹餘糧。各可單服之。皆令人飛行長生。

以上抱朴子內篇・仙藥卷十一

神農食經其一

神農食經曰。

茶。茗。宜久服。令人有力悅志。

神農食經其二

神農食經曰。

茗。若茶。味甘苦。微寒。無毒。主瘻瘡。利小便。少睡。去痰渴。消宿食。冬生益州川谷山陵道傍。凌冬不死。三月二日採乾。（以上太平御覽卷八六七・飲食部二五・茗）

論芝

神農氏論芝云。

山川雲雨。五行四時。陰陽晝夜之精。以生五色神芝。皆為聖王休祥焉。（三國魏・繆襲・神芝贊并序　藝文類聚卷九八・祥瑞部上・木芝）

異文山川與四時五行。（太平御覽卷九八六・藥部三・芝下）

四時五行。為聖王休祥。（本草綱目・菜部第二十八卷）

求雨書

神農求雨書曰。

春夏雨日而不雨。甲乙命為青龍。又為火龍東方。小童舞之。丙丁不雨。命為赤龍南方。壯者舞之。戊己不雨。命為黃龍。壯者舞之。庚辛不雨。命為白龍。又為火龍西方。老人舞之。壬癸不雨。命為黑龍北方。老人舞之。如此不雨。潛處。闔南門。置水其外。開北門。取人骨埋之。如此不雨。命巫

祝而曝之。曝之不雨。神山積薪。擊鼓而焚之。（藝文類聚卷一〇〇・災異部・旱）

異文春甲乙不雨。東為青龍。又為大龍東方。老人舞之。壬癸雨。北如此不雨。命巫祝雨。曝之不雨。禱山神。積薪其旁。擊鼓而焚之。（以上太平御覽卷三五・時序部二〇・旱）不雨積薪。擊鼓焚山神。（錦繡萬花谷後集卷一）

神農曰其一

神農曰。若何而和萬物調三光。（子華子卷上）

神農曰其二

故仙經曰。養生以不傷為本。此要言也。神農曰。百病不愈。安得長生。（抱朴子內篇・極言卷第十三）

神農曰其三

神農曰。豬肉虛人。不可久食。

神農曰其四

又曰。

豘肉損人。與豬同。（以上文選卷五十三・養生論注）

神農曰其五

神農云。

知白守黑。求死不得。（唐・陶埴・還金述上篇　正統道藏・龍虎還丹訣頌）

神農曰其六

丹砂。水銀。是日月之精氣。若在日名日光明砂。即太陽之精也。若在月為汞。即太陰之精也。（正統道藏・還丹眾仙論）

炎帝集卷三

神農本草經・上經

上藥一百二十種。為君。主養命以應天。無毒。多服。久服不傷人。欲輕身益氣。不老延年者。本上經。

丹沙。味甘。微寒。主身體五藏百病。養精神。安魂魄。益氣。明目。殺精魅邪惡鬼。久服。通神明不老。能化為汞。生山谷。

異文本草曰。丹砂。味甘。微寒。生山谷。養精神。益氣。明目。太平御覽卷九八五・藥部二・丹

生符陵山谷。本書注者孫星衍引大觀本神農本草經

雲母。味甘平。主身皮死肌。中風寒熱。如在車船上。除邪氣。安五藏。益子精。明目。久服。輕身延年。一名雲珠。一名雲華。一名雲英。一名雲液。一名雲沙。一名磷石。生山谷。

玉泉。味甘平。主五藏百病。柔筋強骨。安魂魄。長肌肉。益氣。久服。耐寒暑。不飢渴。不老神仙。人臨死服五斤。死三年色不變。一名玉札。生山谷。

異文本草經曰。玉泉。一名王醴。臨死服五斤。色不變。太平御覽卷八〇五・珍寶部四・玉下

本草經曰。玉泉。一名玉澧。味甘平。生山谷。治藏百病。柔筋強骨。安魂。長肌肉。久服。能忍寒暑。不飢渴。不老神仙。人臨死服五斤。死三年色不變。生藍田。太平御覽卷九八八・藥部五・玉泉

一名玉濃。（本書注者孫星衍引太平御覽）

石鍾乳。味甘溫。主欬逆上氣。明目益精。安五藏。通百節。利九竅。下乳汁。生山谷。

異文本草經曰。石鐘乳。一名留公乳。味甘溫。生山谷。明目益精。治欬逆上氣。安五藏。百節通。利九竅。下乳汁。生少室。（太平御覽卷九八七·藥部四·石鐘乳）石鐘乳。一名公乳。（本書注者孫星衍引大觀本神農本草經）

涅石。味酸寒。主寒熱洩利。白沃陰蝕。惡創。目痛。堅筋骨齒。煉餌服之。輕身不老。增年。一名羽碮。生山谷。

異文本草經曰。礬石。一名羽砠。味鹹酸寒。生山谷。治寒熱泄痢。惡瘡。目痛。堅骨。鍊餌久服。輕身不老。生河西。（太平御覽卷九八八·藥部五·礬石）

消石。味苦寒。主五藏積熱。胃張閉。滌去蓄結飲食。推陳致新。除邪氣。鍊之如膏。久服。輕身。生山谷。

異文本草經曰。消石。一名芒消。味酸苦寒。生山谷。治五藏積熱。生益州。（太平御覽卷九八八·藥部五·芒消）消石。一名芒硝。（本書注者孫星衍引太平御覽）

朴消。味苦寒。主百病。除寒熱邪氣。逐六府積聚。結固。留癖。能化七十二種石。鍊餌服之。輕身神仙。生山谷。

異文本草經曰。朴消。味苦寒。生山谷。治百病。除寒熱邪氣。除六府積聚。結澼山谷之陰。有鹹苦

之水狀。如芒消而麄能化七十二種石。鍊餌服之。輕身神仙。生益州。（太平御覽卷九八八·藥部五·芒消）

滑石。味甘寒。主身熱洩澼。女子乳難。癃閉。利小便。蕩胃中積聚寒熱。益精氣。久服。輕身。耐飢。長年。生山谷。

異文本草經曰。滑石。味苦寒。生山谷。治身熱泄癖。生棘陽。（太平御覽卷九八八·藥部五·滑石）

石膽。味酸寒。主明目。目痛。金創。諸癇痙。女子陰蝕。痛。石淋。寒熱。崩中下血。諸邪毒氣。令人有子。鍊餌服之。不老。久服。增壽神仙。能化鐵為銅。成金銀。一名畢石。生山谷。

異文本草經曰。石膽。一名畢石。一名君石。生秦州羌道山谷大石間。或出句青山。其為石也。青色多白文。易破。狀似空青。能化鐵為銅。合成金銀。鍊餌。食之不老。（太平御覽卷九八七·藥部四·石膽）

空青。味甘寒。主告盲。耳聾。明目。利九竅。通血脈。養精神。久服。輕身。延年不老。能化銅鐵鉛錫作金。生山谷。

異文本草經曰。空青。生山谷。久服。輕身延年。能化銅鉛作金。生益州。（藝文類聚卷八十一·藥香草部上·空青）

本草經曰。空青。味甘寒。生山谷。明目。久服。輕身延年。能化銅鈆作金。生益州。（太平御覽卷九八八·藥部五·空青）

曾青。味酸小寒。主目痛止淚。出風痹。利關節。通九竅。破癥堅積聚。久服。輕身不老。能化金銅。生山谷。

異文本草經曰。曾青。生蜀郡名山。其山有銅者。曾青出其陽。青者銅之精。能化金銅。（太平御覽卷九八八·藥部五·曾青）

禹餘糧。味甘寒。主欬逆寒熱。煩滿下。赤白。血閉。癥瘕。大熱。鍊餌服之。不飢。輕身延年。生池澤及山島中。

異文本草經曰。禹餘糧。生東海池澤。（文選卷十二·江賦注）

本草經曰。禹餘糧。味甘寒。生池澤。治欬逆寒熱。煩滿下利。赤白。血閉。癥瘕。大熱。久服輕身。生東海。（太平御覽卷九八八·藥部五·餘糧）

煩滿下痢。（本書注者孫星衍引太平御覽）

太一餘糧。味甘平。主欬逆上氣。癥瘕。血閉。漏下。餘邪氣。久服。耐寒暑。不飢。輕身。飛行千里。神仙。一名石腦。生山谷。

異文本草經曰。太一禹餘糧。一名石腦。生山谷。（文選卷四·南都賦注）

本草經曰。太一禹餘糧。一名石腦。味甘平。生山谷。治欬逆上氣。癥瘕。血閉。漏下。除邪。久服。能忍寒暑。不飢。輕身。飛行千里。神仙。生太山。（太平御覽卷九八八·藥部五·餘糧）

飛行千里。若神仙。（本書注者孫星衍引太平御覽）

白石英。味甘。微溫。主消渴。陰痿。不足。欬逆。胸鬲閒久寒。益氣。除風溼痹。久服。輕身長年。生山谷。

異文本草經曰。白石英。味甘。微溫。生山谷。主治消渴。陰痿。不足。嘔逆。益氣。除濕痹。鬲間久寒。益氣除。久服。輕身。長年。（太平御覽卷九八七·藥部四·白石英）

益氣。陰溼痹。身輕健。（本書注者孫星衍引太平御覽）

紫石英。味甘溫。主心腹欬逆。邪氣。補不足。女子風寒在子宮。絕孕。十年無子。久服。溫中。輕身延年。生山谷。

異文本草經曰。紫石英。生太山之谷。（文選卷四·南都賦注）

本草經曰。紫石英。味甘溫。生太山山谷。治心腹嘔逆。邪氣。補不足。女子風寒在子宮。絕孕。十年無子。久服。溫中。輕身延年。（太平御覽卷九八七·藥部四·紫石英）

青石。赤石。黃石。白石。黑石脂等。味甘平。主黃疸。洩利。腸澼。膿血。陰蝕。下血。赤白。邪氣。癰腫。疽痔。惡創。頭瘍。疥搔。久服。補髓益氣。肥健。不飢。輕身延年。五石脂。各隨五色補五藏。生山谷中。

異文本草。黑石脂。一名石墨。一名石涅。（山海經第二·西次二經注）

本草經曰。青石脂。味酸平。無毒。主養肝膽氣。（太平御覽卷九八七·藥部四·青石脂）

本草經曰。赤石脂。味酸。無毒。養心氣。（太平御覽卷九八七·藥部四·赤石脂）

本草經曰。黃石脂。味平。無毒。主養脾氣。（太平御覽卷九八七·藥部四·黃石脂）

本草經曰。白石脂。味甘。無毒。主養肺氣。（太平御覽卷九八七·藥部四·白石脂）

本草經曰。黑石脂。味甘。無毒。主養腎氣。強陰陽。蝕腸泄利。（太平御覽卷九八七·藥部四·黑石脂）

白青。味甘平。主明目。利九竅。耳聾。心下邪氣。令人吐。殺諸毒。三蟲。久服。通神明。輕身。

延年不老。生山谷。

異文本草經曰。白青。味甘平。生山谷。明目。利九竅。耳聾。殺諸毒之蟲。久服。通神明。輕身延年。出豫章。（太平御覽卷九八八・藥部五・白青）

扁青。味甘平。主目痛。明目。折跌。癰腫。金創不瘳。破積聚。解毒氣。利精神。久服。輕身。不老。生山谷。

異文本草經曰。扁青。味甘平。生山谷。治目痛。明目。辟毒。利精神。久服。輕身。不老。生朱崖。（太平御覽卷九八八・藥部五・扁青）

昌蒲。味辛溫。主風寒溼痹。欬逆上氣。開心孔。補五藏。通九竅。明耳目。出聲音。久服。輕身。不忘不迷或。延年。一名昌陽。生池澤。

異文本草經曰。菖蒲。生石上。一寸九節者。久服。輕身。明耳目。不忘不迷惑。生上洛。（太平御覽卷九九九・百卉部六・菖蒲）

菖蒲。一寸九節者良。（本書注者孫星衍引大觀本神農本草經）

鞠華。味苦平。主風。頭眩腫痛。目欲脫。淚出。皮膚死肌。惡風溼痹。久服。利血氣。輕身。耐老延年。一名節華。生川澤及田野。

人參。味甘。微寒。主補五藏。安精神。定魂魄。止驚悸。除邪氣。明目。開心益智。久服。輕身延年。一名人銜。一名鬼蓋。生山谷。

異文本草經曰。人參。味甘。微寒。生山谷。主補五藏。安定精神。魂魄。除邪。止驚。明目。開心益智。久服。輕身延年。生上黨。（太平御覽卷九九一·藥部八·人參）

天門冬。味苦平。主諸暴風溼偏痹。強骨髓。殺三蟲。去伏尸。久服。輕身。益氣延年。一名顛勒。生山谷。

異文本草云。天虋冬。一名顛棘。（山海經第五·中山經注）

本草經曰。虋冬。一名滿冬。（山海經第五·中次五經注）

本草經曰。天門冬。一名顛勒。味苦。殺三蟲。（藝文類聚卷八一·藥香草部上·天門冬）

門冬。一名滿冬。（本書注者孫星衍引爾雅注）

甘草。味甘平。主五藏六府寒熱邪氣。堅筋骨。長肌肉。倍力。金創尰。解毒。久服。輕身延年。生川谷。

異文本草經曰。甘草。一名美草。一名蜜甘。（太平御覽卷九八九·藥部六·甘草）

乾地黄。味甘寒。主折跌絕筋。傷中。逐血痹。填骨髓。長肌肉。作湯。除寒熱積聚。除痹。生者尤良。久服。輕身。不老。一名地髓。生川澤。

異文本草經曰。地黄。一名地髓。治傷中。長肌肉。生咸陽。（太平御覽卷九八九·藥部六·地黄）

朮。味苦溫。主風寒溼痹。死肌。痙疸。止汗。除熱。消食。作煎餌。久服。輕身延年。不飢。一名山薊。生山谷。

異文本草經曰。朮。一名山筋。久服。不飢。輕身延年。生鄭山。（藝文類聚卷八十一・藥香草部上・朮）

本草經曰。朮。黃精。久服。輕身延年。（文選卷四十三・與山巨源絕交書注）

本草云。朮。一名山薊。今朮似薊。而生山中。（太平御覽卷九八九・藥部六・朮）

朮。一名山筋。（本書注者孫星衍引藝文類聚）

兔絲子。味辛平。主續絕傷。補不足。益氣力。肥健。汁。去面皯。久服。明目。輕身延年。一名兔蘆。生川澤。

牛膝。味苦酸。主寒溼痿痹。四肢拘攣。膝痛不可屈伸。逐血氣。傷熱。火爛。墮胎。久服。輕身耐老。一名百倍。生川谷。

異文本草經曰。牛膝。一名百倍。味苦辛。生川谷。治傷寒。濕痿痹。四支拘攣。膝痛不可屈伸。久服。輕身能老。生河內。（太平御覽卷九九二・藥部九・牛膝）

充蔚子。味辛微溫。主明目益精。除水氣。久服。輕身。莖主癮疹。痒可作浴湯。一名益母。一名益明。一名大札。生池澤。

女萎。味甘平。主中風暴熱。不能動搖。跌筋結肉。諸不足。久服。去面黑皯。好顏色。潤澤。輕身不老。生山谷。

異文本草經曰。女萎。一名左眄。一名玉竹。味辛。生川谷。久服。輕身能老。生太山。（太平御覽卷九九三・藥部一）

○紫苑・

防葵。味辛寒。主疝瘕。腸洩。膀光熱結。溺不下。欬逆。溫瘧。癲癇。驚邪。狂走。久服。堅骨髓。益氣輕身。一名梨蓋。生川谷。

異文本草經曰。房葵。一名犂蓋。味辛冬。生川谷。久服。堅骨髓。益氣。生臨淄。（太平御覽卷九九三・藥部一〇・房葵）

茈胡。味苦平。主心腹。去腸胃中結氣。飲食積聚。寒熱邪氣。推陳致新。久服。輕身明目。益精。一名地熏。

異文本草經曰。茈葫。一名地重。味苦平。生川谷。治心腹。祛腸胃結氣。久服。輕身明目。益精。生弘農。（太平御覽卷九九三・藥部一〇・茈葫）

麥門冬。味甘平。主心腹。結氣傷中傷飽。胃絡脈絕。羸瘦短氣。久服。輕身。不老不飢。生川谷及隄阪。

異文本草經曰。麥門冬。味甘平。生川谷。治心腹。結氣傷中。胃脈絕。久服。輕身。不飢不老。生函谷山。（太平御覽卷九八九・藥部六・麥門冬）

獨活。味苦平。主風寒所擊。金瘡止痛。賁豚。癇痓。女子疝瘕。久服。輕身耐老。一名羌活。一名羌青。一名護羌使者。生川谷。

異文本草經曰。獨活。一名護羌使者。味苦平。生益州。久服。輕身。（太平御覽卷九九二・藥部九・獨活）

車前子。味甘寒。無毒。主氣癃。止痛。利水道小便。除溼痹。久服。輕身耐老。一名當道。生平澤。

異文本草經曰。車前實。一名當道。一名牛舌。（太平御覽卷九九八・百卉部五・芣苢）

一名牛遺。（本書注者孫星衍引大觀本神農本草經）

木香。味辛。主邪氣。辟毒疫溫鬼。強志。主淋露。久服。不夢寤魘寐。生山谷。

異文本草經曰。木蜜。一名蜜香。味辛溫。（法苑珠林卷三十六　太平御覽卷九八二・香部二・木蜜）

本草經曰。木香。一名木蜜香。味辛溫。無毒。治邪氣。辟毒疫溫鬼。強志。主氣不足。久服。不夢寤魘寐。輕身。致神仙。生永昌山谷。（太平御覽卷九九一・藥部八・木香）

久服。不夢寤魘寐。一名密青。（本書注者孫星衍引太平御覽）

署豫。味甘溫。主傷中。補虛羸。除寒熱邪氣。補中。益氣力。長肌肉。久服。耳目聰明。輕身不飢。延年。一名山芋。生山谷。

異文本草經曰。署預。一名山芋。益氣力。長肌肉。除邪氣。久服。輕身。耳目聰明。不飢。延年。生嵩高山。（藝文類聚卷八一・藥香草部上・署預）

本草經曰。署豫。一名山芋。味甘溫。生山谷。治傷中虛羸。補中。益氣力。長肌肉。除邪氣寒熱。久服。輕身。耳目聰明。不飢。延年。山嵩高。（太平御覽卷九八九・藥部六・藷萸）

本草云。南山之陰曰署預。消熱下氣。補五臟。（太平廣記卷四一四・草木・香藥）

薏苡仁。味甘微寒。主筋急。拘攣不可屈伸。風溼痹。下氣。久服。輕身。益氣。其根下三蟲。一名解蠡。生平澤及田野。

異文神農本草經曰。薏苡。味甘微寒。主風溼痹下氣。除筋骨邪氣。久服。輕身。益氣。（後漢書二十四・列傳第十四注）

本草。薏苡仁。上等上上之藥為君。主養命。多服不傷人。欲輕身養命。不老延年者。本上經。味甘微寒。無毒。主拘攣不可屈伸。除風濕痺下氣。除筋骨寒邪氣。不仁。利腸胃。消水腫。令人能食。久服。輕身。益氣。其根下三蟲。生真定平澤及田野。八月採實。採根無時。（宋・張世南・游宦紀聞卷五）

澤瀉。味甘寒。主風寒溼痹。乳難消水。養五藏。益氣力。肥健。久服。耳目聰明。不飢。延年輕身。面生光。能行水上。一名水瀉。一名芒芋。一名鵠瀉。生池澤。

遠志。味苦溫。主欬逆。傷中。補不足。除邪氣。利九竅。益智慧。耳目聰明。不忘。強志倍力。久服。輕身不老。葉名小草。一名棘菀。一名葽繞。一名細草。生川谷。

異文本草經曰。遠志。一名棘宛。一名要繞。久服。輕身。不忘。葉名小草。生太及山及宛句。（太平御覽卷九八九・藥部六・遠志）

一名棘蒬。（本書注者孫星衍引陸德明爾雅音義）

龍膽。味苦澀。主骨閒寒熱。驚癇。邪氣續絕傷。定五藏。殺蠱毒。久服。益智。不忘。輕身。耐老。一名陵游。生山谷。

細辛。味辛溫。主欬逆。頭痛。腦動。百節拘攣。風溼。痹痛。死肌。久服。明目。利九竅。輕身長年。一名小辛。生山谷。

異文本草經曰。細辛。一名少辛。味溫。生山谷。治欬逆。明目。通利九竅。久服。輕身。生華陰。

（太平御覽卷九八九・藥部六・細辛）本草云。細辛。水漬令直。是以杜衡偽為之也。（夢溪筆談卷二十六）

石斛。味甘平。主傷中。除痹。下氣。補五藏。虛勞。羸瘦。強陰。久服。厚腸胃。輕身延年。一名林蘭。生山谷。

異文石斛。一名林蘭。一名禁生。味甘平。生山谷。治傷中。下氣。虛勞。補五藏。羸瘦。久服。除痹。腸胃強陰。出陸安。（太平御覽卷九九二・藥部九・石斛）

巴戟天。味辛微溫。主大風邪氣。陰痿不起。強筋骨。安五藏。補中。增志。益氣。生山谷。

白英。味甘寒。主寒熱。八疸。消渴。補中益氣。久服。輕身延年。一名穀菜。生山谷。

異文本草經曰。槃菜。一名白英。味甘寒。生山谷。治寒熱。久服。輕身延年。生益州。（太平御覽卷九九一・藥部八・槃菜）

白蒿。味甘平。主五藏邪氣。風寒溼痹。補中益氣。長毛髮。令黑。療心縣。少食。常飢。久服。輕身。耳目聰明。不老。生川澤。

赤箭。味辛溫。主殺鬼精物。蠱毒。惡氣。久服。益氣力。長陰。肥健。輕身。增年。一名離母。一名鬼督郵。生川谷。

異文本草經曰。鬼督郵。一名赤箭。一名離母。味辛溫。生川谷。殺鬼精物。治蠱毒。惡氣。久服。輕身。益力。長陰。肥健。生雍州。（太平御覽卷九九一・藥部八・鬼督郵）

奄閭子。味苦微寒。主五藏瘀血。腹中水氣。臚張留熱。風寒溼痹。身體諸痛。久服。輕身。延年不老。生川谷。

異文本草經曰。奄閭。味苦微寒。生川谷。治風寒濕痺。身體諸痛。久服。輕身不老。生雍州。太平御覽卷九九一・藥部八・奄閭

析蓂子。味辛微溫。主明目。目痛淚出。除痹。補五藏。益精光。久服。輕身不老。一名蔑析。一名大蕺。一名馬辛。生川澤及道旁。

蓍實。味苦平。主益氣。充肌膚。明目。聰慧先知。久服。不飢不老。輕身。生山谷。

異文本草經曰。蓍實。味苦酸平。無毒。主益氣。充肌膚。明目。聰慧先知。久服。不飢不老。輕身。生少室山谷。八月九月採實。日乾。太平御覽卷九九三・藥部一〇・蓍實

赤芝。味苦平。主胸中結。益心氣。補中。增慧智。不忘。久食。輕身不老。延年神仙。一名丹芝。

黑芝。味鹹平。主癃。利水道。益腎氣。通九竅。聰察。久食。輕身不老。延年神仙。一名玄芝。

青芝。味酸平。主明目。補肝氣。安精魂。仁恕。久食。輕身不老。延年神仙。一名龍芝。

白芝。味辛平。主欬逆。上氣。益肺氣。通利口鼻。強志意。勇悍。安魄。久食。輕身不老。延年神仙。一名玉芝。

黄芝。味甘平。主心腹五邪。益脾氣。安神。忠信和樂。久食。輕身不老。延年神仙。一名金芝。

紫芝。味甘溫。主耳聾。利關節。保神。益精氣。堅筋骨。好顏色。久服。輕身。不老延年。一名木

芝。生山谷。

異文本草經曰。赤芝。一名丹芝。黃芝。一名金芝。白芝。一名玉芝。黑芝。一名玄芝。紫芝。一名木芝。（藝文類聚卷九八・祥瑞部上・木芝　文選卷十一・遊天台山賦注　文選卷十五・思玄賦注　文選卷十九・洛神賦注　文選卷二十一・遊仙詩注　文選卷二十二・從冠軍建平王登廬山香爐峯注　文選卷三十一・雜體詩注）

本草經曰。青芝。一名龍芝。食之身輕。不老神仙。生太山山谷。亦生五岳地上。

本草經曰。黃芝。一名金芝。食之神仙。生嵩高山山谷中。

本草經曰。赤芝。一名丹芝。食之為神仙。生霍山山谷。

本草經曰。黑芝。一名玄芝。生恒山山谷。

本草經曰。紫芝。一名木芝。久服。延年作神仙。生山岳地上。色紫。形如桑。（以上太平御覽卷九八六・藥部三・芝下）

卷柏。味辛溫。生山谷。主五藏邪氣。女子陰中寒熱。痛。癥瘕。血閉。絕子。久服。輕身。和顏色。一名萬歲。生山谷石間。

異文卷柏。一名萬歲。味辛溫。生山谷。治五藏邪氣。（太平御覽卷九八九・藥部六・卷柏）

藍實。味苦寒。主解諸毒。殺蠱蚑。注鬼。螫毒。久服。頭不白。輕身。生平澤。

芎藭。味辛溫。主中風入腦。頭痛。寒痹。筋攣。緩急。金創。婦人血閉。無子。生川谷。

異文芎藭。味辛溫。治中風入頭。腦痛。寒痺。生武功。（太平御覽卷九九〇・藥部七・芎藭）

蘼蕪。味辛溫。主欬逆。定驚氣。辟邪惡。除蠱毒鬼注。去三蟲。久服。通神。一名薇蕪。生川澤。

異文本草經曰。蘼蕪。一名薇蕪。味辛。（藝文類聚卷八一・藥香草部上・蘼蕪　文選卷四・南都賦注）

黃連。味苦寒。主熱氣。目痛。眥傷。泣出。明目。腸澼。腹痛。下利。婦人陰中腫痛。久服。令人不忘。一名王連。生川谷。

異文本草經曰。黃蓮。一名王蓮。味苦寒。治熱。（藝文類聚卷八九・木部下・黃蓮）

本草經曰。黃連。一名王連。味苦寒。生川谷。治熱氣。目痛。眥傷。泣出。明目。生巠陽。（太平御覽卷九九一・藥部八・黃連）

絡石。味苦溫。主風熱。死肌。癰傷。口乾舌焦。癰腫不消。喉舌腫。水漿不下。久服。輕身明目。潤澤。好顏色。不老延年。一名石鯪。生川谷。

異文本草經曰。落石。一名鯪石。味苦溫。生川谷。治風熱。久服。輕身。明潤目澤。好色。不老延年。生太山。（太平御覽卷九九三・藥部一〇・落石）

疾藜子。味苦溫。主惡血。破癥結積聚。喉痹。乳難。久服。長肌肉。明目。輕身。一名旁通。一名屈人。一名止行。一名豺羽。一名升推。生平澤。或道旁。

異文本草經曰。蒺蔾。一名止行。一名升雅。一名傍通。一名水香。（太平御覽卷九九七・百卉部五・蒺蔾）

一名君水香。（本書注者孫星衍引太平御覽）

黃耆。味甘微溫。主癰疽久敗創。排膿止痛。大風。癩疾。五痔。鼠瘻。補虛。小兒百病。一名戴糝。生山谷。

異文本草經曰。黃耆。味甘微溫。生山谷。（太平御覽卷九九一・藥部八・黃耆）

肉松容。味甘微溫。主五勞七傷。補中。除莖中寒熱痛。養五藏。強陰。益精氣。多子。婦人癥瘕。久服。輕身。生山谷。

異文本草經曰。肉蓯蓉。味甘徵溫。生山谷。治五勞七傷。補中。除莖中寒熱。養五藏。強陰。益精氣。多子。婦人癥瘕。久服。輕身。生河西。太平御覽卷九八九·藥部六·肉蓯蓉

防風。味甘溫。無毒。主大風。頭眩痛。惡風。風邪。目盲無所見。風行周身。骨節疼痺。煩滿。久服。輕身。一名銅芸。生川澤。

異文本草經曰。防風。一名銅芒。甘溫。生川澤。治大風。頭眩痛。目盲無所見。煩滿。風行周身。骨節疼痛。久服。輕身。生沙苑。太平御覽卷九九二·藥部九·防風

本草云。防風。生沙苑。太平寰宇記卷二十八

蒲黄。味甘平。主心腹旁光寒熱。利小便。止血。消瘀血。久服。輕身。益氣力。延年神仙。生池澤。

香蒲。味甘平。主五藏。心下邪氣。口中爛臭。堅齒。明目。聰耳。久服。輕身耐老。一名睢。生池澤。

異文本草經曰。香蒲。一名睢蒲。味甘平。生池澤。治五藏。心下邪氣。堅齒。明目。聰耳。久服。輕身能老。生南海。太平御覽卷九九三·藥部一〇·香蒲

續斷。味苦微溫。主傷寒。補不足。金創癰傷。折跌。續筋骨。婦人乳難。久服。益氣力。一名龍豆。一名屬折。生山谷。

異文本草經曰。續斷。一名龍豆。味苦微溫。生山谷。治傷寒。補不足。金瘡癰傷。折跌。續筋骨。婦人乳難。崩中。漏血。久服。益力。生常山。太平御覽卷九八九・藥部六・續斷

婦人乳難。云。崩中。漏血。本書注者孫星衍引太平御覽

漏蘆。味苦鹹寒。主皮膚熱。惡創。疽痔。溼痹。下乳汁。久服。輕身。益氣。耳目聰明。不老延年。一名野蘭。生山谷。

異文本草經曰。漏盧。一名野蘭。太平御覽卷九九一・藥部八・漏盧

營實。味酸溫。主癰疽惡創。結肉。跌筋。敗創。熱氣。陰蝕不瘳。利關節。一名牆薇。一名牆麻。一名牛棘。生川谷。

異文本草經曰。薔薇。一名牛棘。一名牛勒。一名山棗。一名薔蘼。藝文類聚卷八一・藥香草部上・薔薇

神農本草曰。薔薇。一名牛膝。一名薔麻。太平御覽卷九九八・百卉部五・薔薇

天名精。味甘寒。主瘀血。血瘕欲死。下血。止血。利小便。久服。輕身耐老。一名麥句薑。一名蝦蟆藍。一名豕首。生川澤。

決明子。味鹹平。主青盲。目淫。膚赤。白膜。眼赤痛。淚出。久服。益精光。輕身。生川澤。

丹參。味苦微寒。主心腹邪氣。腸鳴幽幽如走水。寒熱積聚。破癥除瘕。止煩滿。益氣。一名郤蟬草。生川谷。

茜根。味苦寒。主寒溼。風痹。黃疸。補中。生川谷。

飛廉。味苦平。主骨節熱。脛重酸疼。久服。令人身輕。一名飛輕。生川澤。
五味子。味酸溫。主益氣。欬逆上氣。勞傷羸瘦。補不足。強陰。益男子精。生山谷。
異文本草經曰。五味。一名會及。太平御覽卷九九〇·藥部七·五味
旋華。味甘溫。主益氣。去面皯黑。色媚好。其根。味辛。主腹中寒熱邪氣。利小便。久服。不飢。
輕身。一名筋根華。一名金沸。生平澤。
異文本草經曰。旋華。一名薊根。一名美草。去面黚黑。令人色悅澤。根主腹中寒熱邪氣。生豫州
或預章。太平御覽卷九九二·藥部九·旋華
蘭草。味辛平。主利水道。殺蠱毒。辟不祥。久服。益氣。輕身。不老。通神明。一名水香。生池澤。
異文本草經曰。草蘭。一名水香。久服。益氣。輕身不老。法苑珠林卷三十六太平御覽卷九八三·香部三·蘭香
蛇牀子。味苦平。主婦人陰中腫痛。男子陰痿。溼痒。除痹氣。利關節。癲癇。惡創。久服。輕身。
一名蛇米。生川谷及田野。
地膚子。味苦寒。主旁光熱。利小便。補中。益精氣。久服。耳目聰明。輕身耐老。一名地葵。生平
澤及田野。
異文本草經曰。地膚。一名地華。一名地脈。一名地葵。太平御覽卷九九二·藥部九·地膚
一名地麥。本書注者孫星衍引大觀本神農本草經
景天。味苦平。主大熱。火創。身熱。煩邪。惡氣。華主女人漏下赤白。輕身。明目。一名戒火。一

名慎火。生川谷。

異文本草經曰。景天。一名戒火。一名水母。花主明目。輕身。（太平御覽卷九九八・百卉部五・戒火）

一名火母。（本書注者孫星衍引大觀本神農本草經）

因陳。味苦平。主風溼寒熱。邪氣。熱結黃疸。久服。輕身。益氣。耐老。生丘陵阪岸上。

異文本草經曰。因塵蒿。味苦。治風濕寒熱。邪氣。結黃疸。久服。輕身。益氣。能老。生太山。（太平御覽卷九九三・藥部一〇・因塵）

茵蒿。味苦平。（本書注者孫星衍引太平御覽）

杜若。味辛微溫。主胸脅下逆氣。溫中。風入腦戶。頭腫痛。多涕淚出。久服。益精。明目。輕身。一名杜衡。生川澤。

異文本草經曰。杜若。一名杜蘅。味辛微溫。久服。益氣。輕身。（藝文類聚卷八一・藥香草部上・杜若　山海經第二・西山經注）

本草經曰。杜若。一名杜衡。（太平御覽卷九八三・香部三・杜蘅）

沙參。味苦微寒。主血積驚氣。除寒熱。補中。益肺氣。久服。利人。一名知母。生川谷。

異文沙參。一名知母。味苦微寒。生川谷。治血積驚氣。除寒熱。補中。益肺氣。生河內。（太平御覽卷九九一・藥部八・沙參）

白兔藿。味苦平。主蛇虺。蜂蠆。猘狗。菜肉蠱毒注。一名白葛。生山谷。

徐長卿。味辛溫。主鬼物。百精。蠱毒。疫疾。邪惡氣。溫瘧。久服。強悍。輕身。一名鬼督郵。生山谷。

異文本草經曰。徐長卿。一名鬼督郵。味辛溫。生山谷。治鬼物。百精。蠱毒。疾疫。邪氣。溫鬼。久服。強悍。輕身。生太山。太平御覽卷九九一·藥部八·徐長卿

石龍芻。味苦微寒。主心腹邪氣。小便不利。淋閉。風溼。鬼注。惡毒。久服。補虛羸。輕身。耳目聰明。延年。一名龍鬚。一名草續斷。一名龍珠。生山谷。

異文本草經曰。西超山多龍循龍鬚也。一名續斷。太平御覽卷九九四·百卉部一·龍鬚

薇銜。味苦平。主風溼痹。歷節痛。驚癇。吐舌。悸氣。賊風。鼠瘻。癰腫。一名糜銜。生川澤。

雲實。味辛溫。主洩利。腸澼。殺蟲。蠱毒。去邪惡結氣。止痛除熱。華主見鬼精物。多食。令人狂走。久服。輕身。通神明。生川谷。

異文本草經曰。雲實。味辛溫。生川谷。治泄利。脹癖。殺蟲。蠱毒。去邪惡。多食。令人狂走。久服。輕身。通神明。生河間。太平御覽卷九九二·藥部九·雲實

王不留行。味苦平。主金創。止血逐痛。出刺。除風痹內寒。久服。輕身。耐老。增壽。生山谷。

異文本草經曰。王不留行。味苦平。生山谷。久服。輕身。能老。生太山。太平御覽卷九九一·藥部八·王不留行

升麻。味甘辛。主解百毒。殺百老物殃鬼。辟溫疾。障邪。毒蠱。久服。不夭。一名周升麻。生山谷。

異文本草經曰。升麻。一名周升麻。味甘辛。生山谷。治辟百毒。殺百老殃鬼。辟溫疾。鄣稚。毒蠱。久服。不失。生益州。太平御覽卷九九〇·藥部七·升麻

升麻。味甘平。主解百毒。殺百精老物殃鬼。辟瘟疫。瘴氣。邪氣。蠱毒。一名周麻。孫星衍引本書注者

青蘘。味甘寒。主五藏邪氣。風寒溼痹。益氣。補腦髓。堅筋骨。久服。耳目聰明。不飢不老。增壽。大觀本神農本草經

巨勝苗也。生川谷。

姑活。味甘溫。主大風邪氣。溼痹寒痛。久服。輕身。益壽。耐老。一名冬葵子。

別羈。味苦微溫。主風寒溼痹。身重。四肢疼酸。寒邪。歷節痛。生川谷。

屈草。味苦。主胸脅下痛。邪氣。腹閒寒熱陰痹。久服。輕身。益氣。耐老。生川澤。

異文本草經曰。屈草。實根。味苦微寒。生川澤。治胸脅下痛。邪氣。腹間寒陰痺。久服。輕身。

補益。能老。生漢中。太平御覽卷九九一・藥部八・屈草

淮木。味苦平。主久欬上氣。腸中虛羸。女子陰蝕。漏下。赤白沃。一名百歲城中木。生山谷。

牡桂。味辛溫。主上氣欬逆。結氣喉痹。吐吸。利關節。補中益氣。久服。通神。輕身。不老。生山谷。

菌桂。味辛溫。主百病。養精神。和顏色。為諸藥先聘通使。久服。輕身。不老。面生光華。媚好常如童子。生山谷。

異文神農本草經曰。菌桂出交阯。圓如竹。為眾藥通使。文選卷四・蜀都賦注

松脂。味苦溫。主疽。惡創。頭瘍。白禿。疥搔。風氣。安五藏。除熱。久服。輕身。不老。延年。

一名松膏。一名松肪。生山谷。

異文本草經曰。松脂。一名松肪。渴中。久服。輕身。延年。（藝文類聚卷八八・木部上・松）

本草曰。松脂。出隴西。如膠者善。松脂。一名松肪。味苦溫。久服。輕身。延年。（初學記卷二十八・木部・松）

本草經曰。松脂。一名松膏。一名松肪。味苦溫中。久服。輕身。延年。（太平御覽卷九五三・木部二・松）

槐實。味苦寒。主五內邪氣熱。止涎唾。補絕傷。五痔。火創。婦人乳瘕。子藏急痛。生平澤。

枸杞。味苦寒。主五內邪氣。熱中。消渴。周痹。久服。堅筋骨。輕身。不老。一名杞根。一名地骨。一名枸忌。一名地輔。生平澤。

異文本草經曰。枸杞。一名杞根。一名地骨。一名地輔。服之。堅筋骨。輕身。耐老。（太平御覽卷九九〇・藥部七・枸杞）

柏實。味甘平。主驚悸。安五藏。益氣。除溼痹。久服。令人悅澤美色。耳目聰明。不飢不老。輕身延年。生山谷。

伏苓。味甘平。主胸脅逆氣。憂恚。驚邪。恐悸。心下結痛。寒熱煩滿。欬逆。口焦舌乾。利小便。久服。安魂養神。不飢。延年。一名茯菟。生山谷。

異文本草經曰。茯苓。一名茯神。味甘平。生山谷。治胸脅山氣。憂患悸驚。生太山。（太平御覽卷九八九・藥部六・茯苓）

治胸脅疝氣。（本書注者孫星衍引太平御覽）

榆皮。味甘平。主大小便不通。利水道。除邪氣。久服。輕身。不飢。其實尤良。一名零榆。生山谷。

酸棗。味酸平。主心腹寒熱。邪結氣聚。四肢酸疼。溼痹。久服。安五藏。輕身。延年。生川澤。

櫱木。味苦寒。主五藏。腸胃中結熱。黄疸。腸痔。止洩利。女子漏下赤白。陰陽蝕創。一名檀桓。生山谷。

乾漆。味辛溫。無毒。主絕傷補中。續筋骨。填髓腦。安五藏。五緩六急。風寒溼痺。生漆去長蟲。久服。輕身。耐老。生川谷。

五加皮。味辛溫。主心腹疝氣。腹痛。益氣療躄。小兒不能行。疸創陰蝕。一名豺漆。

蔓荊實。味苦微寒。主筋骨閒寒熱痺。拘攣。明目堅齒。利九竅。去白蟲。久服。輕身。耐老。小荊實亦等。生山谷。

異文本草經曰。蔓荊實。味苦。森槮。木長貌。（文選卷十八・長笛賦注）

辛夷。味辛溫。主五藏。身體寒風。頭腦痛。面皯。久服。下氣。輕身。明目。增年耐老。一名辛矧。一名侯桃。一名房木。生川谷。

異文本草。辛夷。一名辛引。（文選卷七・甘泉賦注）

本草經曰。辛夷。一名辛引。一名侯桃。一名房木。

神農本草曰。辛夷。生漢中魏興涼州谷中。其樹似杜仲。樹高一丈餘。子似冬桃而小。（以上太平御覽卷九六〇・木部九・辛夷）

桑上。寄生。味苦平。主腰痛。小兒背強。癰腫。安胎。充肌膚。堅髮齒。長鬚眉。其實明目。輕身通神。一名寄屑。一名寓木。一名宛童。生川谷。

杜仲。味辛平。主要脊痛。補中。益精氣。堅筋骨。強志。除陰下痒溼。小便餘瀝。久服。輕身。耐老。一名思仙。生山谷。

女貞實。味苦平。主補中。安五藏。養精神。除百疾。久服。肥健。輕身。不老。生山谷。

木蘭。味苦寒。主身大熱在皮膚中。去面熱。赤皰。酒皶。惡風瘨疾。陰下痒溼。明耳目。一名林蘭。生川谷。

蕤核。味甘溫。主心腹邪氣。明目。目赤痛傷淚出。久服。輕身。益氣。不飢。生川谷。

異文本草經曰。蕤核。味甘溫。生川谷。主治心腹邪結氣。明目。赤痛傷淚出。目腫眥爛。久服。益氣。輕身。生亟谷。太平御覽卷九九二・藥部九・蕤核

橘柚。味辛溫。主胸中瘕熱逆氣。利水穀。久服。去臭。下氣。通神。一名橘皮。生川谷。

髮髲。味苦溫。主五癃。關格不通。利小便水道。療小兒癇。大人痓。仍自還神化。

龍骨。味甘平。主心腹。鬼注。精物老魅。欬逆。洩利。膿血。女子漏下。癥瘕堅結。小兒熱氣驚癇。齒主。小兒大人驚癇瘨疾狂走。心下結氣。不能喘息。諸痙殺精物。久服。輕身。通神明。延年。生山谷。

異文本草經曰。龍骨。味甘平。山谷。治心腹。鬼疰。生晉地。太平御覽卷九八八・藥部五・龍骨

麝香。味辛溫。主辟惡氣。殺鬼精物。溫瘧。蠱毒。癇痓。去三蟲。久服。除邪。不夢寤厭寐。生川谷。

異文本草經曰。麝香。味辛。辟惡。殺鬼精。生中臺山也。（法苑珠林卷三十六　太平御覽卷九八一・香部一・麝）

牛黄。味苦平。主驚癇。寒熱。熱盛狂痓。除邪逐鬼。生平澤。

異文牛黄。神農本草曰。療驚癇。除邪逐鬼。（後漢書卷六十四・列傳第五十四注）

本草經曰。牛黄。味苦。生隴西平澤。特牛膽中。治驚寒熱。生晉地。（太平御覽卷九八八・藥部五・牛黄）

熊脂。味甘微寒。主風痹不仁。筋急五藏。腹中積聚。寒熱羸瘦。頭瘍。白禿。面皯皰。久服。强志。不飢。輕身。生山谷。

異文本草經曰。熊脂。一名熊白。味甘微溫。無毒。止風痺。（藝文類聚卷九五・獸部下・熊）

本草經曰。熊脂。一名熊白。味甘微溫。無毒。主風痺。（太平御覽卷九〇八・獸部二〇・熊）

白膠。味甘平。主傷中勞絕。要痛。羸瘦。補中益氣。婦人血閉無子。止痛。安胎。久服。輕身。延年。一名鹿角膠。

異文本草經曰。膠。一名鹿角膠。味甘平。治傷中勞絕。腰痛。瘦。補中益氣。婦人無子。（太平御覽卷七六六・雜物部一・膠）

阿膠。味甘平。主心腹。內崩。勞極。灑灑如瘧狀。要腹痛。四肢酸疼。女子下血安胎。久服。輕身。益氣。一名傳致膠。

丹雄雞。味甘微溫。主女人崩中漏下。赤白沃。補虛。溫中。止血。通神。殺毒辟不祥。頭主殺鬼。東門上者尤良。肪主耳聾。腸主遺溺。䏶胵裏黄皮主洩利尿。白。主消渴傷寒。寒熱。黑雌雞。主風寒溼痹。五緩六急。安胎。𦐇羽主下血閉。雞子主除熱。火瘡癇痓。可作虎魄。神物。雞白蠹肥脂。生平澤。

雁肪。味甘平。主風攣。拘急。偏枯。氣不通利。久服。益氣。不飢。輕身。耐老。一名鶩肪。生池澤。

異文本草經曰。鴈肪。一名鶩肪。味甘平。生池澤。治風緊。拘急。偏枯。氣不通。久服。長髮。益氣。不肌。不能老。輕身。生南海。（太平御覽卷九八八·藥部五·鴈肪）

石蜜。味甘平。主心腹邪氣。諸驚癇痓。安五藏。諸不足。益氣補中。止痛解毒。除眾病。和百藥。久服。強志。輕身。不飢。不老。一名石飴。生山谷。

異文本草經云。食蜜。味甘微溫。無毒。生武都山崖谿谷。炙生林樹。

本草經。食蜜。甘如飴。无毒。生武都山谷。

本草經云。崖蜜。令人不饑。明目。延年致仙也。

本草經云。石蜜。一名石飴。味甘。主心邪。安五藏。益氣強志。除百病。服之。不飢。

本草經云。食蜜。益氣。補內解毒。除煩。主定氣養脾。（以上北堂書鈔卷一四七·酒食部六·蜜）

本草經曰。石蜜。一名飴。（太平御覽卷八五七·飲食部一五·蜜）

本草經曰。石蜜。一名石飴。味甘平。生山谷。治心邪。安五藏。益氣補中。止痛解毒。久服。輕身。不老。生武都。（太平御覽卷九八八·藥部五·石蜜）

蜂子。味甘平。主風頭。除蠱毒。補虛羸傷中。久服。令人光澤。好顏色。不老。大黄蜂子。主心腹。復滿痛。輕身益氣。土蜂子。主癰腫。一名蜚零。生山谷。

蜜蠟。味甘微溫。主下利膿血。補中。續絕。傷金創。益氣。不飢。耐老。生山谷。

牡蠣。味鹹平。主傷寒寒熱。溫瘧灑灑。驚恚怒氣。除拘緩鼠瘻。女子帶下赤白。久服。強骨節。殺邪氣。延年。一名蠣蛤。生池澤。

龜甲。味鹹平。主漏下赤白。破癥瘕。痎瘧。五痔。陰蝕。溼痹。四肢重弱。小兒顖不合。久服。輕身。不飢。一名神屋。生池澤。

桑蜱蛸。味鹹平。主傷中。疝瘕。陰痿。益精生子。女子血閉。要痛。通五淋。利小便水道。一名蝕肬。生桑枝上。采。蒸之。

海蛤。味苦平。主欬逆上氣。喘息煩滿。胸痛。寒熱。一名魁蛤。

異文本草經曰。海蛤。味苦平。生地澤。治欬逆上氣。喘煩。胸痛。寒熱。（太平御覽卷九八八・藥部五・海蛤）

文蛤。主惡瘡蝕。五痔。

異文本草經曰。文蛤。表有文。（藝文類聚卷九七・鱗介部下・蛤）

本草經曰。文蛤。表文。味鹹。無毒。主際陰蝕。惡創。五痔。大孔盡血。生東海。（太平御覽卷九四二・鱗介部一四・蛤）

本草經曰。文蛤。主惡瘡蝕。五痔。生東海。（太平御覽卷九八八・藥部五・海蛤）

文蛤。主除陰蝕。五痔。大孔出血。以上本書注者孫星衍引太平御覽

蠡魚。味甘寒。主溼痹。面目浮腫。下大水。一名鮦魚。生池澤。

鯉魚膽。味苦寒。主目熱赤痛青盲。明目。久服。強悍。益志氣。生池澤。

藕實莖。味甘平。主補中養神。益氣力。除百疾。久服。輕身。耐老。不飢。延年。一名水芝丹。生池澤。

異文本草曰。藕。一名水芝。文選卷六・魏都賦注

大棗。味甘平。主心腹邪氣。安中。養脾肋十二經。平胃氣。通九竅。補少氣。少津液。身中不足。大驚。四肢重。和百藥。久服。輕身。長年。葉覆麻黄。能令出汗。生平澤。

蒲萄。味甘平。主筋骨溼痹。益氣。倍力。強志。令人肥健。耐飢。忍風寒。久食。輕身。不老延年。可作酒。生山谷。

異文本草曰。蒲萄。益氣強志。令人肥健。少飢。延年。輕身。藝文類聚卷八七・果部下・蒲萄

本草經曰。蒲萄。生五原。隴西。燉煌。益氣強志。令人肥健。延年。輕身。太平御覽卷九七二・果部九・蒲萄

蓬蘽。味酸平。主安五藏。益精氣。長陰令堅。強志。倍力。有子。久服。輕身。不老。一名覆盆。生平澤。

雞頭實。味甘平。主溼痹。要脊膝痛。補中。除暴疾。益精氣。強志。令耳目聰明。久服。輕身。不飢。耐老。神仙。一名鴈啄實。生池澤。

異文本草經曰。雞頭。一名鴈喙。（齊民要術卷十）

本草經曰。雞頭。一名鴈實。生雷澤。（太平御覽卷九七五・果部一二・芡）

胡麻。味甘平。主傷中虛羸。補五內。益氣力。長肌肉。填髓腦。久服。輕身。不老。一名巨勝。葉名青蘘。生川澤。

異文本草經曰。胡麻。一名巨勝。味甘平。生川澤。治傷中虛羸。補五藏。益氣。久服。輕身。不老。生上黨。（太平御覽卷九八九・藥部六・胡麻）

本草云。胡麻。一名狗蝨。一名方莖。黑者為巨勝。（宋・蘇軾・服胡麻賦并序）

麻蕡。味辛平。主五勞七傷。利五藏。下血。寒氣。多食。令人見鬼狂走。久服。通神明。輕身。一名麻勃。麻子。味甘平。主補中益氣。肥健。不老。神仙。生川谷。

異文本草經曰。麻子。味甘。無毒。主補中益氣。令人肥健。（初學記卷二十七・草部・五穀第十 太平御覽卷八四一・百穀部五・麻）

本草經曰。麻蕡。一名麻勃。味平辛。生川谷。治七傷。利五藏。下血氣。多食。令人見鬼狂走。久服。輕身。通神明。麻子補中益氣。久服。肥健。不老。生太山。（太平御覽卷九九五・百卉部二・麻）

本草。麻蕡。一名麻勃。（宋・莊綽・雞肋編卷上）

冬葵子。味甘寒。主五藏六府。寒熱羸瘦。五癃。利小便。久服。堅骨。長肌肉。輕身。延年。

莧實。味甘寒。主青盲。明目。除邪。利大小便。去寒熱。久服。益氣力。不飢。輕身。一名馬莧。

瓜蒂。味苦寒。主大水身面四肢浮腫。下水。殺蠱毒。欬逆上氣。及食諸果。病在胸腹中。皆吐下之。生平澤。

瓜子。味甘平。主令人說澤。好顏色。益氣不飢。久服。輕身耐老。一名水芝。生平澤。

異文本草經曰。水芝者。是白瓜。甘瓜也。（藝文類聚卷八七·果部下·瓜）

苦菜。味苦寒。主五藏邪氣。厭穀。胃痹。久服。安心益氣。聰察少臥。輕身耐老。一名荼草。一名選。生川谷。（本卷以上正文據清孫星衍引宋大觀本神農本草經）

異文本草經云。苦草。一名荼草。味苦。生川谷。治五藏邪氣。（北堂書鈔卷一四四·酒食部三·茶篇）

炎帝集卷四

神農本草經・中經

中藥一百二十種。為臣。主養性以應人。無毒有毒。斟酌其宜。欲遏病補羸者。本中經。

雄黃。味苦平寒。主寒熱。鼠瘻惡創。疽痔死肌。殺精物。惡鬼。邪氣。百蟲毒。勝五兵。鍊食之。輕食神仙。一名黃食石。生山谷。

石流黃。味酸溫。主婦人陰蝕。疽痔惡血。堅筋骨。除頭禿。能化金銀銅鐵奇物。生山谷。

異文本草經曰。石流黃。生東海牧陽山谷中。文選卷四・南都賦注

本草經曰。石流黃。味酸。生谷中。治婦人陰蝕。疽痔。能作金銀物。生東海。太平御覽卷九八七・藥部四・石流黃

雌黃。味辛平。主惡創。頭禿。痂疥。殺毒蟲蝨。身痒。邪氣諸毒。鍊之。久服。輕身。增年不老。生山谷。

異文本草經曰。雌黃。石金。味辛平。生山谷。治身癢諸毒。太平御覽卷九八八・藥部五・雌黃

水銀。味辛寒。主疥瘻痂瘍白禿。殺皮膚中蝨。墮胎。除熱。殺金銀銅錫毒。鎔化還復為丹。久服。神仙不死。生平土。

異文本草經曰。水銀。味辛寒。無毒。太平御覽卷九八八・藥部五・水銀

石膏。味辛微寒。主中風寒熱。心下逆氣。驚喘口乾。苦焦。不能息。腹中堅痛。除邪鬼。產乳。金

創。生山谷。

異文本草經曰。石膏。味辛微寒。生山谷。治心下逆。驚喘口乾焦。不能息。太平御覽卷九八八・藥部五・石膏 除大熱煩滿及耳聾。一名玄石。生山谷。

慈石。味辛寒。主周痺。風溼。肢節中痛不可持物。洗洗。酸消。除大熱煩滿及耳聾。一名玄石。生山谷。

異文本草經曰。磁石。一名玄石。味辛寒。生川谷。太平御覽卷九八八・藥部五・磁石

本草云。磁石。鐵之碓。太平寰宇記卷五十六

凝水石。味辛寒。主身熱。腹中積聚。邪氣。皮中如火燒。煩滿。水飲之。久服。不飢。一名白水石。生山谷。

異文本草經曰。凝水石。味辛寒。生山谷。治身熱。腹中積聚。邪氣。煩滿。飲之不飢。生常山。太平御覽卷九八七・藥部四・凝水石

陽起石。味鹹微溫。主崩中漏下。破子臧中血。癥瘕結氣。寒熱。腹痛無子。陰痿不起。補不足。一名白石。生山谷。

異文本草經曰。陽起石。一名白石。味酸微溫。生山谷。治崩中。補足內攣。藏中血。結氣寒熱。腹痛漏下。無子。陰陽不合。生齊地。太平御覽卷九八七・藥部四・陽起石

陰陽不合。補不足句攣。本書注者孫星衍引太平御覽

孔公孽。味辛溫。主傷食不化。邪結氣。惡創。疽。瘻。痔。利九竅。下乳汁。生山谷。

異文本草經曰。孔公孽。一名通石。味辛溫。生山谷。治食化氣。利九竅。下乳汁。治惡瘡疽瘻。生梁山。（太平御覽卷九八七·藥部四·孔公孽）

殷孽。味辛溫。主爛傷瘀血。洩利寒熱。鼠瘻。癥瘕。結氣。一名薑石。生山谷。

鐵精。平。主明目化銅。鐵落。味辛平。主風熱。惡創。瘍疽創。痂疥。氣在皮膚中。鐵。主堅肌耐痛。生平澤。

理石。味辛寒。主身熱。利胃解煩。益精明目。破積聚。去三蟲。一名立制石。生山谷。

長石。味辛寒。主身熱。四肢寒厥。利小便。通血脈。明目。去翳眇。下三蟲。殺蠱毒。久服。不飢。一名方石。生山谷。

異文本草經曰。長石。一名方石。味辛治。身熱。（太平御覽卷九八八·藥部五·長石）

膚青。味辛平。主蠱毒。及蛇菜肉諸毒。惡創。生川谷。

乾薑。味辛溫。主胸滿。欬逆上氣。溫中止血。出汗。逐風。溼痹。腸澼。下利。生者尤良。久服。去臭氣。通神明。生川谷。

枲耳實。味甘溫。主風頭寒痛。風溼周痹。四肢拘攣。痛。惡肉死肌。久服。益氣。耳目聰明。強志輕身。一名胡枲。一名地葵。生川谷。

葛根。味甘平。主消渴。身大熱。嘔吐。諸痹。起陰氣。解諸毒。葛穀。主下利。十歲已上。一名雞齊根。生川谷。

異文本草經曰。葛根。一名雞齊根。味甘平。生川谷。治消渴。身大熱。嘔吐。諸痺。起陰氣。解毒。生汶山。（太平御覽卷九九五·百卉部二·葛）

括樓根。味苦寒。主消渴。身熱。煩滿。大熱。補虛安中。續絕傷。一名地樓。生川谷。及山陰。

異文本草經曰。栝樓。一名地樓。味苦寒。生川谷。（太平御覽卷九九二·藥部九·栝樓）

苦參。味苦寒。主心腹結氣。癥瘕積聚。黃疸。溺有餘瀝。逐水。除癰腫。補中。明目。止淚。一名水槐。一名苦骴。生山谷及田野。

異文本草經曰。苦參。一名水槐。（太平御覽卷九九一·藥部八·苦參）

當歸。味甘溫。主欬逆上氣。溫瘧。寒熱。洗在皮膚中。婦人漏下。絕子。諸惡創瘍金創。煮飲之。一名乾歸。生川谷。

異文本草經曰。當歸。一名干歸。味甘溫。生川谷。主治逆止氣。溫瘧寒熱。生隴西。（太平御覽卷九八九·藥部六·當歸）

麻黃。味苦溫。主中風傷寒。頭痛溫瘧。發表出汗。去邪熱氣。止欬逆上氣。除寒熱。破癥堅積聚。一名龍沙。

異文本草經曰。一名龍沙。味苦溫。生川谷。治中風。傷寒。出汗。去熱邪氣。破堅積聚。生晉地。（太平御覽卷九九三·藥部一〇·麻黃）

通草。味辛平。主去惡蟲。除脾胃寒熱。通利九竅。血脈關節。令人不忘。一名附支。生山谷。

異文本草經曰。蓪草。一名附支。味辛平。生山谷。去惡蟲。除脾胃寒熱。利九竅。血脈關節。不

忘。生石城。（太平御覽卷九九二・藥部九・蓪草）

芍藥。味苦平。主邪氣腹痛。除血痺。破堅積寒熱。疝瘕。止痛。利小便。益氣。生川谷及丘陵。

異文本草經曰。芍藥。一名白犬。生山谷及中岳。（藝文類聚卷八一・藥香草部上・芍藥）

本草經曰。芍藥。味苦辛。生川谷。主治邪氣。腹痛。除血痺。破堅積。寒熱瘕。止痛。（太平御覽卷九九〇・藥部七・芍藥）

利小便。益氣。一名白朮。（本書注者孫星衍引藝文類聚）

蠡實。味甘平。主皮膚寒熱。胃中熱氣。風寒溼痺。堅筋骨。令人嗜食。久服。輕身。

花葉。去白蟲。一名劇草。一名三堅。一名豕首。生川谷。

異文本草經曰。豕首。一名劇草。一名彘實。（太平御覽卷九九二・藥部九・豕首）

爾雅曰。荓藪豕首。郭璞注曰。本草經曰。彘盧。一名儲蘭。（太平御覽卷九九二・藥部九・豕首）

瞿麥。味苦寒。主關格。諸癃結。小便不通。出刺。決癰腫。明目去翳。破胎墮子。下閉血。一名巨句麥。生川谷。

玄參。味苦微寒。主腹中寒熱積聚。女子產乳餘疾。補腎氣。令人目明。一名重臺。生川谷。

異文本草經曰。玄參。一名重臺。味苦微寒。生川谷。治腹中寒熱。女子乳。補腎氣。令人目明。生河間。（太平御覽卷九九一・藥部八・玄參）

秦艽。味苦平。主寒熱邪氣。寒溼。風痺。肢節痛。下水。利小便。生山谷。

百合。味甘平。主邪氣。腹張。心痛。利大小便。補中益氣。生川谷。

知母。味苦寒。主消渴。熱中。除邪氣。肢體浮腫。下水。補不足。益氣。一名蚳母。一名連母。一名野蓼。一名地參。一名水參。一名水浚。一名貨母。一名蝭母。生川谷。

貝母。味辛平。主傷寒煩熱。淋瀝。邪氣。疝瘕。喉痺。乳難。金創。風痙。一名空草。

白茝。味辛溫。主女人漏下赤白。血閉陰腫。寒熱風頭。侵目淚出。長肌膚。潤澤。可作面脂。一名芳香。生川谷。

異文茝。本草云。一名茝。史記卷一百十七・列傳第五十七注

本草經曰。白芷。一名蘺。文選卷三十五・七命注

本草經曰。白芷。一名芳香。味辛溫。生河東。太平御覽卷九八三・香部三・白芷

淫羊藿。味辛寒。主陰痿絕。傷莖中痛。利小便。益氣力。強志。一名剛前。生山谷。

異文本草經曰。淫羊藿。一名蜀前。味辛寒。治陰痿傷中。益氣強志。除莖痛。利小便。生上郡陽山。太平御覽卷九九三・藥部一〇・淫羊藿

黃芩。味苦平。主諸熱。黃疸。腸澼。洩利。逐水。下血閉。惡創疽蝕。火瘍。一名腐腸。生川谷。

異文本草經曰。黃芩。一名腐腸。味苦平。生非谷。治諸熱。太平御覽卷九九二・藥部九・黃芩

狗脊。味苦平。主腰背強。關機緩急。周痹寒溼。郄痛。頗利老人。一名百枝。生川谷。

異文本草經曰。狗脊。一名百丈。味苦平。生川谷。治要背強。開機緩急。風痺寒濕。膝痛。利老

人。生常山。（太平御覽卷九九〇·藥部七·狗脊）

石龍芮。味苦平。主風寒溼痹。心腹邪氣。利關節。止煩滿。久服。輕身。明目。不老。一名魯果能。一名地椹。生川澤石邊。

異文本草經曰。地椹。一名石龍芮。一名食果能。味苦平。生川澤。治風寒。久服。輕身。明目。不老。生太山。（太平御覽卷九九三·藥部一〇·地椹）一名食果。（本書注者孫星衍引太平御覽）

茅根。味甘寒。主勞傷虛羸。補中益氣。除瘀血。血閉寒熱。利小便。其苗。主下水。一名蘭根。一名茹根。生山谷田野。

紫菀。味苦溫。主欬逆上氣。胸中寒熱結氣。去蠱毒痿蹷。安五藏。生山谷。

紫草。味苦寒。主心腹邪氣五疸。補中益氣。利九竅。通水道。一名紫丹。一名紫芙。生山谷。

異文本草曰。紫草。一名地血。（太平御覽卷九九六·百卉部三·紫草）

敗醬。味苦平。主暴熱火創。赤氣。疥搔。疸痔。馬鞍。熱氣。一名鹿腸。生川谷。

異文本草經曰。敗醬。似桔梗。其臭如敗豆醬。（太平御覽卷九九二·藥部九·敗醬）

白鮮。味苦寒。主頭風。黃疸。欬逆。淋瀝。女子陰中腫痛。溼痹死肌。不可屈伸起止行步。生川谷。

異文本草經曰。白鮮。治酒風。（太平御覽卷九九一·藥部八·白鮮）

酸醬。味酸平。主熱煩滿。定志益氣。利水道。產難。吞其實立產。一名醋醬。生川澤。

異文本草曰。酢漿。一名酸。平寒。無毒。生川澤及人家田園中。治熱煩滿。定志益氣。利水道。產難。呑其實立產。（太平御覽卷九九八·百卉部五·酢漿）

紫參。味苦辛寒。主心腹積聚。寒熱邪氣。通九竅。利大小便。一名牡蒙。生山谷。

異文本草經曰。紫參。一名牡蒙。苦寒。無毒。治心腹積聚。寒熱。邪氣。利大便。通九竅。生河西及冤句。治牛病。生林陽。（太平御覽卷九九一·藥部八·紫參）

槀本。味辛溫。主婦人疝瘕。陰中寒腫痛。腹中急。除風頭痛。長肌膚。說顏色。一名鬼卿。一名地新。生山谷。

石韋。味苦平。主勞熱邪氣。五癃閉不通。利小便水道。一名石韀。生山谷石上。

萆薢。味苦平。主腰背痛。強骨節。風寒溼。周痹。惡創不瘳。熱氣。生山谷。

白薇。味苦平。主暴中風。身熱肢滿。忽忽不知人。狂惑。邪氣。寒熱酸痟。溫瘧。洗洗。發作有時。生川谷。

水萍。味辛寒。主暴熱身痒。下水氣。勝酒。長須髮。消渴。久服。輕身。一名水華。生池澤。

異文本草經曰。水萍。一名水華。味辛寒。治暴熱身癢。下水。烏鬚髮。久服。輕身。一名水簾。（藝文類聚卷八二·草部下·萍）本草曰。水萍。一名水華。味辛寒。治暴熱身癢。下水氣。烏鬚髮。久服。輕身。生雷澤。（初學記卷二七·草部·萍）

本草經曰。水萍。一名水華。味辛寒。生池澤水上。療暴熱身癢。下水氣。勝酒。（初學記卷二七・草部・萍）

本草經曰。水萍。一名水華。味辛寒。生池澤水上。療暴熱癢。下水氣。勝酒。長鬚髮。久服。輕身。（太平御覽卷一〇〇・百卉部七・萍）

王瓜。味苦寒。主消渴。內痹。瘀血。月閉。寒熱。酸疼。益氣。俞聾。一名土瓜。生平澤。

異文本草云。王苽。一名土苽。（太平御覽卷九九八・百卉部五・土瓜）

地榆。味苦微寒。主婦人乳痓。痛七傷帶下。病止痛。除惡肉。止汗。療金創。生山谷。

異文本草經曰。地榆。止汗氣。消酒。明目。

神農本草經曰。地榆。苦寒。主消酒。生冤句。（以上太平御覽卷一〇〇〇・百卉部七・地榆）

海藻。味苦寒。主癭瘤氣。頸下核。破散結氣。癰腫。癥瘕。堅氣。腹中上下鳴。下十二水腫。一名落首。生池澤。

異文本草經曰。海藻。着頸下。破散結。（太平御覽卷九九二・藥部九・海藻）

本草曰。海藻。一名海羅。生東海中。或生河澤。莖似亂髮。（太平御覽卷一〇〇〇・百卉部七・苔）

澤蘭。味苦微溫。主乳婦內衄。中風餘疾。大腹水腫。身面四肢浮腫。骨節中水。金創。癰腫創膿。一名虎蘭。一名龍棗。生大澤傍。

異文本草經曰。澤蘭。一名虎蘭。一名龍來。味微溫。無毒。生池澤。治乳婦衄血。生汝南。又生大澤旁。（太平御覽卷九九〇・藥部七・澤蘭）

治乳婦衄血。本書注者孫星衍引太平御覽

防己。味辛平。主風寒。溫瘧。熱氣。諸癇。除邪。利大小便。一名解離。生川谷。

異文本草經曰。防己。一名石解。味辛平。無毒。治風寒。溫瘧。熱氣。通湊理。利九竅。生漢中。太平御覽卷九九一・藥部八・防己

款冬花。味辛溫。主欬逆上氣。善喘。喉痹。諸驚癇。寒熱邪氣。一名橐吾。一名顆凍。一名虎須。一名兔奚。生山谷。

異文本草經曰。款冬。一名顆冬。一名菟爰。生常山。藝文類聚卷八一・藥香草部上・款冬

本草經曰。款冬。一名橐石。一名顆冬。一名虎鬚。一名菟奚。味辛溫。太平御覽卷九九二・藥部九・款冬

牡丹。味辛寒。主寒熱。中風。瘈瘲。痙。驚癇。邪氣。除癥堅。瘀血。留舍腸胃。安五臧。療癰創。一名鹿韭。一名鼠姑。生山谷。

異文本草經曰。牡丹。一名鹿韭。一名鼠姑。味辛寒。生山谷。治寒熱。癥傷。中風。驚邪。安五藏。出巴郡。太平御覽卷九九二・藥部九・牡丹

馬先蒿。味平。主寒熱。鬼注。中風溼痹。女子帶下病。無子。一名馬屎蒿。生川澤。

積雪草。味苦寒。主大熱。惡創。癰疽。浸淫。赤熛。皮膚赤。身熱。生川谷。

女菀。味辛溫。主風。洗洗。霍亂。洩利。腸鳴。上下無常處。驚癇。寒熱百疾。生川谷。或山陽。

異文女菀。本書注者孫星衍引太平御覽

王孫。味苦平。主五臧邪氣。寒溼痹。四肢疼酸。厀冷痛。生川谷。

異文本草經曰。王孫。味苦平。治五藏邪氣。濕痺。四支疼酸。生海西。（太平御覽卷九九三・藥部一〇・王孫）

蜀羊泉。味苦微寒。主頭禿惡創。熱氣。疥搔。痂癬蟲。療齲齒。生川谷。

爵牀。味鹹寒。主腰脊痛。不得著牀。俛仰艱難。除熱。可作浴湯。生川谷及田野。

假蘇。味辛溫。主寒熱。鼠瘻。瘰癧生創。破結聚氣。下瘀血。除溼痹。一名鼠蓂。生川澤。

翹根。味甘寒平。主下熱氣。益陰精。令人面說好。明目。久服。輕身。耐老。生平澤。

異文本草經曰。翹根。味苦。生平澤。治下熱氣。益陰精。令人面悅好。明目。久服。輕身。能老。

生嵩高。（太平御覽卷九九一・藥部八・翹根）

翹根。味苦平。（本書注者孫星衍引太平御覽）

桑根。白皮。味甘寒。主傷中。五勞六極。羸瘦。崩中。脈絕。補虛。益氣。葉。主除寒熱出汗。桑耳黑者。主女子漏下。赤白汁。血病。癥瘕積聚。陰補陰陽。寒熱。無子。五木耳名檽。益氣不飢。輕身強志。生山谷。

異文本草經曰。桑根。旁行出土上者。名伏蛇。治心痛。（藝文類聚卷八八・木部上・桑太平御覽卷九五五・木部四・桑）

神農本草曰。桑根。白皮。是今桑樹根上白皮。常以四月採。或採無時。出見地上名馬領。勿取。毒殺人。（太平御覽卷九五五・木部四・桑）

竹葉。味苦平。主欬逆上氣。溢。筋急。惡瘍。殺小蟲。根作湯。益氣止渴。補虛下氣。汁。主風痓。

實。通神明。輕身益氣。

異文本草曰。竹葉。一名昇斤。竹花。一名草花。（初學記卷二十八·木部·竹）

本草曰。竹花。一名華草。（太平御覽卷九六二·竹部上·竹上）

吳茱萸。味辛溫。主溫中。下氣。止痛。欬逆。寒熱。除溼血痹。逐風邪。開湊理。根殺三蟲。一名藙。生山谷。

異文本草。茱萸。一名欓。（初學記卷四·歲時部下·九月九日）

本草經曰。茱萸。一名藙。味辛溫。生川谷。問湊理。根去三蟲。久服。輕身。生上谷。（太平御覽卷九九一·藥部八·茱萸）

巵子。味苦寒。主五內邪氣。胃中熱氣。面赤。酒炮皶鼻。白賴。赤癩。創瘍。一名木丹。生川谷。

異文本草經曰。支子。一名木丹。（藝文類聚卷八九·木部下·梔子）

本草經曰。支子。一名木丹。葉兩頭尖如樗蒲形。剝其子如蠒而黃赤。（太平御覽卷九五九·木部八·支子）

按本草。梔子。一名木丹。一名越桃。（宋·陶穀·清異錄卷三）

蕪荑。味辛。主五內邪氣。散皮膚骨節中。淫淫溫行毒。去三蟲。化食。一名無姑。一名蔱蘠。生川谷。

異文本草經曰。蕪荑。味辛。一名無姑。一名蔱蘠。去三蟲。化食。逐寸白。散腹中。嗢嗢喘息。（太平御覽卷九九二·藥部九·蕪荑）

枳實。味苦寒。主大風在皮膚中。如麻豆苦痒。除寒熱結。止利。長肌肉。利五臧。益氣。輕身。生川澤。

異文本草經曰。枳實。味苦寒。生川澤。治大風在皮膚中。如麻豆苦癢。除寒熱結。止利。長肌肉。利五藏。益氣。輕身。生河內。（太平御覽卷九九二・藥部九・枳實）

厚朴。味苦溫。主中風。傷寒。頭痛。寒熱。驚悸氣。血痹。死肌。去三蟲。

異文本草經曰。厚朴。味苦溫。生山谷。治中風。傷寒熱。血痺。死肌。去蟲。生文山。（太平御覽卷九八九・藥部六・厚朴）

秦皮。味苦微寒。主風寒溼痹。洗洗。寒氣。除熱。目中青翳白膜。久服。頭不白。輕身。生川谷。

異文本草經曰。秦皮。味苦微寒。生川谷。治風濕痺。寒氣。除熱。目中青翳。久服。頭不白。輕身。生盧江。（太平御覽卷九九二・藥部九・秦皮）

秦茮。味辛溫。主風邪氣。溫中除寒痹。堅齒髮。明目。久服。輕身。好顏色。耐老增年。通神。生川谷。

山茱萸。味酸平。主心下邪氣。寒熱。溫中。逐寒溼痹。去三蟲。久服。輕身。一名蜀棗。生山谷。

異文本草經曰。山茱萸。一名蜀酸棗。平生山谷。治心下邪氣。寒熱。溫中。逐寒濕。去三蟲。久服。輕身。生漢中。（太平御覽卷九九一・藥部八・山茱萸）

紫葳。味酸。微寒。主婦人產乳餘疾。崩中。癥瘕。血閉。寒熱。羸瘦。養胎。生川谷。

異文本草經曰。紫葳。一名芙華。一名陵苕。味鹹。微寒。無毒。生川谷。治婦人乳餘疾。崩中。山癥血。寒熱。養胎。生西海。（太平御覽卷九九二・藥部九・紫葳）

本草經云。陵苕。生下濕水中。七八月生。華紫。草可以染帛。煮沐頭髮。即黑也。（史記四十三・趙世家第十三注）

本草經曰。陵若。生下濕水中。七八月華。華紫似金。紫草可以染帛。煮沐頭髮。即黑。（太平御覽卷九九六・百卉部三・若）

本草曰。陵苕。一名陵時。一名鼠毛。（太平御覽卷一〇〇〇・百卉部七・苕）

豬苓。味甘平。主痎瘧。解毒。蠱注。不祥。利水道。久服。輕身。耐老。一名猳豬屎。生山谷。

異文本草經曰。豬零。一名猳豬。矢味甘平。生山谷。治疾虎。解毒。蠱蛀。不祥。利水道。久服。輕身。能不老。生衡山。（太平御覽卷九八九・藥部六・豬苓）

白棘。味辛寒。主心腹痛。癰腫潰膿。止痛。一名棘鍼。生川谷。

龍眼。味甘平。主五臧邪氣。安志厭食。久服。強魂。聰明。輕身。不老。通神明。一名益智。生山谷。

異文龍眼金。按本草。一號荔枝奴。（宋・陶穀・清異錄卷二）

松羅。味苦平。主瞋怒邪氣。止虛汗頭風。女子陰寒腫病。一名女蘿。生山谷。

衛矛。味苦寒。主女子崩中下血。腹滿汗出。除邪。殺鬼毒。蠱注。一名鬼箭。生山谷。

異文本草經曰。衛矛。一名鬼箭。味苦寒。生山谷。治女子崩中下血。腹滿汗出。除邪。殺鬼毒。

生霍山。（太平御覽卷九九二・藥部一〇・衛矛）
合歡。味甘平。主安五臧。利心志。令人歡樂無憂。久服。輕身。明目。得所欲。生山谷。

異文本草經曰。合歡。味甘平。生川谷。安五臟。和心志。令人歡樂無憂。久服。輕身。明目。生益州。（藝文類聚卷八九・木部下・合歡）

本草經曰。合歡。味甜平。生川谷。安五臟。和心氣。令人歡樂無憂。久服。輕身。明目。生益州。

神農本草曰。合歡。生豫州。河內川谷。其樹似狗骨樹。（以上太平御覽卷九六〇・木部九・合歡）

本草云。利心志。令人歡喜忘憂。（宋・姚寬・西溪叢語卷上）

白馬莖。味鹹平。主傷中脈絕。陰不起。強志益氣。長肌肉。肥健。生子。眼。主驚癇。腹滿。瘧疾。當殺用之。懸蹄。主驚邪。瘈瘲。乳難。辟惡氣。鬼毒。蠱注不祥。生平澤。

鹿茸。味甘溫。主漏下惡血。寒熱。驚癇。益氣強志。生齒不老。角。主惡創癰腫。逐邪惡氣。留血在陰中。

異文本草經曰。鹿茸。強志。不老。（太平御覽卷九八八・藥部五・鹿茸）

牛角䚡。下閉血。瘀血。疼痛。女人帶下血。髓。補中。填骨髓。久服。增年。膽。可丸藥。

羖羊角。味鹹溫。主青盲明目。殺疥蟲。止寒洩。辟惡鬼虎狼。止驚悸。久服。安心益氣。輕身。生川谷。

牡狗陰莖。味鹹平。主傷中。陰痿不起。令強熱大。生子。除女子帶下十二疾。一名狗精。膽。主明目。

羚羊角。味鹹寒。主明目。益氣。起陰。去惡血注下。辟蠱毒。惡鬼不祥。安心氣。常不厭寐。生川谷。

犀角。味苦寒。主百毒。蠱注。邪鬼。障氣。殺鉤吻。鴆羽。蛇毒。除不迷或厭寐。久服。輕身。生山谷。

燕屎。味辛平。主蠱毒。鬼注。逐不祥。邪氣。破五癃。利小便。生平谷。

天鼠屎。味辛寒。主面癰腫。皮膚洗洗。時痛。腸中血氣。破寒熱積聚。除驚悸。一名鼠沄。一名石肝。生山谷。

蝟皮。味苦平。主五痔。陰蝕下血。赤白五色。血汁不止。陰腫痛。引要背。酒煮殺之。生川谷。

露蜂房。味苦平。主驚癇瘈瘲。寒熱邪氣。癲疾。鬼精。蠱毒。腸痔。火熬之良。一名蜂腸。生山谷。

鼈甲。味鹹平。主心腹癥瘕堅積。寒熱。去痞息肉。陰蝕。痔惡肉。生池澤。

蟹。味鹹寒。主胸中邪氣。熱結痛。喎僻。面腫。敗漆。燒之致鼠。生池澤。

異文本草經曰。蟹。味鹹。治胸中邪氣。熱結痛。太平御覽卷九四二·鱗介部一四·蟹

柞蟬。味鹹寒。主小兒驚癇。夜啼。癲病。寒熱。生楊柳上。

蠐螬。味鹹微溫。主惡血。血瘀痹。氣破折。血在脅下。堅滿。痛。月閉。目中淫膚。青翳。白膜。

一名蟦蠐。生平澤。

異文本草經曰。蠐螬。一名蟦齊。主治血瘴。（太平御覽卷九四八·蟲豸部五·蠐螬）

本草。一名墳蠐。一名蜸蠐。一名勃齊。（通志卷七十六·昆蟲草木略第二）

主惡血。血瘴痹。（本書注者孫星衍引太平御覽）

烏賊魚骨。味鹹微溫。主女子漏下。赤白經汁。血閉。陰蝕。腫痛。寒熱。癥瘕。無子。生池澤。

異文本草經曰。烏賊魚骨。治寒熱驚氣。（藝文類聚卷九七·鱗介部下·烏賊）

白僵蠶。味鹹。主小兒驚癇。夜蹄。去三蟲。滅黑皯。令人面色好。男子陰瘍病。生平澤。

蛇魚甲。味辛微溫。主心腹癥瘕。伏堅。積聚。寒熱。女子崩中。下血五色。小腹陰中相引痛。創疥。死肌。生池澤。

樗雞。味苦平。主心腹邪氣。陰痿。益精。強志。生子好色。補中輕身。生川谷。

活蝓。味鹹寒。主賊風。喎僻。軼筋。及脫肛。驚癇攣縮。一名陵蠡。生池澤。

石龍子。味鹹寒。主五癃邪。結氣。破石。淋下血。利小便水道。一名蜥易。生川谷。

異文本草。蜥蜴。謂之石龍子。一名山龍子。一名石蜴。（通志卷七十六·昆蟲草木略第二）

木寅。味苦平。主目赤痛。眥傷。淚出。瘀血。血閉。寒熱酸慚。無子。一名魂常。生川澤。

蜚寅。味苦微寒。主逐瘀血。破下血積。堅痞。癥瘕。寒熱。通利血脈及九竅。生川谷。

蜚廉。味鹹寒。主血瘀。癥堅。寒熱。破積聚。喉咽痹。內寒。無子。生川澤。

異文本草經曰。蜚廉。味鹹。治血瘀。逐下血。破積聚。喉痺。生晉地山澤中。二月採之。太平御覽卷九四九·蟲豸部六·蜚廉

䗪蟲。味鹹寒。主心腹寒熱。洗洗。血積癥瘕。破堅。下血閉。生子大良。一名地鼈。生川澤。

伏翼。味鹹平。主目瞑。明目。夜視有精光。久服。令人喜樂。媚好無憂。一名蝙蝠。生川谷。

梅實。味酸平。主下氣。除熱。煩滿。安心。肢體痛。偏枯不仁。死肌。去青黑志。惡疾。生川谷。

大豆。黃卷。味甘平。主溼痹。筋攣。膝痛。生大豆。塗癰腫。煮汁。飲。殺鬼毒。止痛。赤小豆。主下水。排癰腫膿血。生平澤。

異文本草經曰。大豆。黃卷。味甘平。生平澤。治濕痺。筋攣。膝痛。生大豆。張騫使外國得胡麻。胡豆。或曰戎菽。塗癰腫。煮汁飲之。殺鬼毒。止痛。赤小豆。下水。排癰腫血。生太山。太平御覽卷八四一·百穀部五·豆

粟米。味鹹微寒。主養腎氣。去胃脾中熱。益氣。陳者。味苦。主胃熱。消渴。利小便。

異文本草曰。陳粟。味苦無毒。主胃疸熱中渴。利小便。初學記卷二十七·草部·五穀

黍米。味甘溫。主益氣補中。多熱。令人煩。

蓼實。味辛溫。主明目。溫中。耐風寒。下水氣。面目浮腫。癰瘍。馬蓼。去腸中蛭蟲。輕身。生川澤。

葱實。味辛溫。主明目。補中。不足。其莖可作湯。主傷寒。寒熱。出汗。中風。面目腫。

䶌。味辛溫。主金創。創敗。輕身。不飢。耐老。生平澤。

水蘇。味辛微溫。主下氣。辟口臭。去毒。辟惡。久服。通神明。輕身。耐老。生池澤。（本卷以上正文據清孫星衍引宋大觀本神農本草經）

異文本草經曰。芥葅。一名水蘇。（太平御覽卷九七七·菜茹部二·蘇）

炎帝集卷五

神農本草經・下經

下藥一百二十五種。為左使。主治病以應地。多毒。不可久服。欲除寒熱邪氣。破積聚愈疾者。本下經。

石灰。味辛溫。主疽瘍疥搔。熱氣。惡創。癩疾。死肌。墮眉。殺痔蟲。去黑子息肉。一名惡疢。生山谷。

礜石。味辛大熱。主寒熱。鼠瘻。蝕創。死肌。風痹。腹中堅。一名青分石。一名立制石。一名固羊石。出山谷。

異文本草經曰。礜石。一名青分石。一名立制石。一名固羊石。味辛。生山谷。治寒熱。鼠瘻。蝕瘡。除熱。殺百獸。生漢中。（太平御覽卷九八七・藥部四・礜石）

鉛丹。味辛微寒。主土逆胃反。驚癇瘨疾。除熱下氣。煉化還成九光。久服。通神明。生平澤。

異文本草經曰。鉛丹。味辛微寒。生平澤。治吐逆胃反。久服。成仙。生蜀都。（太平御覽卷九八五・藥部二・丹）

粉錫。味辛寒。主伏尸毒螫。殺三蟲。一名解錫。錫鏡鼻。主女子血閉。癥瘕。伏腸。絕孕。生山谷。

異文神農本草曰。粉錫。一名鮮錫。（太平御覽卷七一九・服用部二一・粉）

代赭。味苦寒。主鬼注。賊風。蠱毒。殺精物惡鬼。腹中毒。邪氣。女子赤沃漏下。一名須丸。生山谷。

異文本草經曰。代赭。一名血師。好者狀如雞肝。（太平御覽卷九八八・藥部五・赭）

戎鹽。主明目。目痛。益氣。堅肌骨。去毒蠱。大鹽。令人吐。鹵鹽。味苦寒。主大熱。消渴狂煩。除邪及下蠱毒。柔肌膚。生池澤。

異文本草經云。大鹽。一名胡鹽。令人吐也。

本草經云。鹵鹽。味苦。可以治消渴。長肌膚。（以上北堂書鈔卷一四六・酒食部五・鹽）

本草經曰。鹵鹽。一名寒石。味苦。戎鹽。主明目。大鹽。一名胡鹽。呂氏春秋曰。本草云。戎鹽。一名胡鹽。（太平御覽卷八六五・飲食部二三・鹽）

本草經曰。鹵鹹。一名寒石。味苦。治大熱。消渴。狂煩。戎鹽。主明目。益氣。去毒蠱。大鹽。一名胡鹽。令人吐。主腸胃結熱。（太平御覽卷九八八・藥部五・鹵鹹）

本草經曰。鹵鹹。一名寒石。味苦。治大熱。消渴。狂煩。戎鹽。主明目。益氣。堅肌。去毒蠱。大鹽。一名鹽精。令人吐。主腸胃結熱。（永樂大典卷九七六二）

白堊。味苦溫。主女子寒熱癥瘕。目閉。積聚。生山谷。

異文本草經曰。白堊。即白善土也。生邯鄲。（太平御覽卷九八八・藥部五・白堊）

冬灰。味辛微溫。主黑子。去肬息肉。疽蝕。疥搔。一名藜灰。生川澤。

青琅玕。味辛平。主身痒。火創。癰傷。疥搔。死肌。一名石珠。生平澤。

異文本草經曰。青琅玕。一名珠圭。（太平御覽卷八〇九・珍寶部八・琅玕）

附子。味辛溫。主風寒欬逆。邪氣。溫中金創。破癥堅積聚。血瘕。寒溼。踒躄。拘攣。厀痛不能行步。生山谷。

異文本草經曰。附子。味辛溫。出山谷。治風寒欬逆。邪氣。寒濕痿躄。拘緩不起。疼痛。溫中金瘡。生牛犍。為百藥之長。（太平御覽卷九九〇・藥部七・附子）

　　痿躄。拘攣。（本書注者孫星衍引太平御覽）

烏頭。味辛溫。主中風。惡風。洗洗出汗。除寒溼痹。欬逆上氣。破積聚。寒熱。其汁煎之。名射罔。殺禽獸。一名奚毒。一名即子。一名烏喙。生山谷。

異文本草經曰。烏頭。一名烏喙。（史記卷六十九・列傳第九注 冊府元龜卷八八六・總錄部・遊說）

　　本草經曰。烏頭。一名烏喙。一名葉毒。一名茛。味辛溫。生川谷。主治風中。惡洗出汗。除寒溫。生朗陵。（太平御覽卷九九〇・藥部七・烏頭）

　　味辛甘溫。大熱。有大毒。主中風。惡風洗出汗。除寒濕。（永樂大典卷二三四六）

天雄。味辛溫。主大風。寒溼痹。瀝節痛。拘攣。緩急。破積聚。邪氣。金創。強筋骨。輕身健行。一名白幕。生山谷。

異文本草曰。天雄。味辛甘溫。大溫。有大毒。主大風。破積聚邪氣。強筋骨。輕身健行。長陰氣。強志。令人武勇。力作不倦。一名白幕。生少室山谷。（太平御覽卷九九〇・藥部七・天雄）

半夏。味辛平。主傷寒。寒熱。心下堅。下氣。喉咽腫痛。頭眩胸張。欬逆腸鳴。止汗。一名地文。一名水玉。生川谷。

異文本草經曰。一名地文。水玉。味辛平。生川谷。生槐里。（太平御覽卷九九二・藥部九・半夏）

虎掌。味苦溫。主心痛。寒熱。結氣。積聚。伏梁。傷筋。痿。拘緩。利水道。生山谷。

異文本草經曰。虎掌。味苦溫。生山谷。治心痛寒熱。（太平御覽卷九九〇・藥部七・虎掌）

鳶尾。味苦平。主蠱毒邪氣。鬼注諸毒。破癥瘕積聚。去水。下三蟲。生山谷。

大黃。味苦寒。主下瘀血。血閉。寒熱。破癥瘕積聚。留飲。宿食。蕩滌腸胃。推陳致新。通利水穀。調中化食。安和五臧。生山谷。

異文本草經曰。大黃。味苦寒。生山谷。治下瘀。血閉。寒熱。破癥瘕積聚。留飲。宿食。蕩滌腸胃。安五藏。推陳致新。通利水穀道。調中食。生河西。（太平御覽卷九九二・藥部九・大黃）

亭歷。味辛寒。主癥瘕積聚。結氣。飲食。寒熱。破堅。一名大室。一名大適。生平澤。及田野。

桔梗。味辛微溫。主胸脅痛如刀刺。腹滿。腸鳴。幽幽。驚恐悸氣。生山谷。

異文本草經曰。桔梗。一名利如。味辛微溫。生山谷。治胸脅痛。腸鳴。驚悸。生嵩高。（太平御覽卷九九三・藥部一〇・桔梗）

莨蕩子。味苦寒。主齒痛出蟲。肉痹。拘急。使人健行。見鬼。多食。令人狂走。久服。輕身。走及奔馬。強志。益力。通神。一名橫唐。生川谷。

異文本草云。薡蓿。使人健行。見鬼。宋・姚寬・西溪叢語卷下

草蒿。味苦寒。主疥搔。痂痒。惡創。殺蝨。留熱在骨節閒。明目。一名青蒿。一名方潰。生川澤。

旋復花。味鹹溫。主結氣。脅下滿。驚悸。除水。去五臧閒寒熱。補中下氣。一名金沸艸。一名盛椹。生川谷。

異文本草經曰。旋復花。一名金沸草。太平御覽卷九九一・藥部八・旋復

藜蘆。味辛寒。主蠱毒。欬逆。洩利。腸澼。頭瘍。疥搔。惡創。殺諸蠱毒。去死肌。一名葱苒。生山谷。

異文本草經曰。藜蘆。一名葱苒。味辛寒。生山谷。主治蟲毒。生太山。太平御覽卷九九〇・藥部七・藜蘆

梨蘆。味辛寒。本書注者孫星衍引太平御覽

鉤吻。味辛溫。主金創乳痓。中惡風。欬逆上氣。水腫。殺鬼注。蠱毒。一名野葛。生山谷。

異文本草經曰。鉤吻。一名野葛。味辛溫。生山谷。主治金瘡。中惡風。欬逆上氣。水腫。殺蠱毒。

鬼注。太平御覽卷九九〇・藥部七・冶葛

鉤肳。味辛溫。本書注者孫星衍引太平御覽

射干。味苦平。主欬逆上氣。喉痹咽痛。不得消息。散急氣。腹中邪逆。食飲大熱。一名烏扇。一名烏蒲。生川谷。

異文射干。本草名烏扇。史記卷一百十七・列傳第五十七注

本草經曰。射干。一名烏扇。一名烏蒲。味苦辛。生川谷。治欬逆上氣。生南陽。太平御覽卷九九二·藥部九·射干

蛇合。味苦微寒。主驚癇寒熱邪氣。除熱。金創。疽痔。鼠瘻。惡創。頭瘍。一名蛇銜。生山谷。

恆山。味苦寒。主傷寒。寒熱。熱發。溫瘧。鬼毒。胸中痰結吐逆。一名互草。生川谷。

異文本草經曰。一名玄草。味苦寒。生川谷。主治傷寒發。溫瘧。鬼毒。胸中結吐逆。生益州。太平御覽卷九九二·藥部九·恒山

蜀漆。味辛平。主瘧及欬逆。寒熱。腹中癥堅。痞結。積聚。邪氣。蠱毒。鬼注。生川谷。

異文本草經曰。蜀漆。味辛平。治瘧及欬逆寒熱。腹癥堅。邪氣。蠱毒。鬼蛀。太平御覽卷九九二·藥部九·蜀漆

甘遂。味苦寒。主大腹疝瘕。腹滿。面目浮腫。留飲宿食。破癥堅積聚。利水穀道。一名主田。生川谷。

異文本草經曰。甘遂。味苦寒。生川谷。治大腹疝瘕。脹滿。面目浮腫。除留飲宿食。出中山。太平御覽卷九九三·藥部一〇·甘遂

白斂。味苦平。主癰腫疽創。散結氣。止痛除熱。目中赤。小兒驚癇。溫瘧。女子陰中腫痛。一名免核。一名白草。生山谷。

青葙子。味苦微寒。主邪氣。皮膚中熱。風搔。身痒。殺三蟲。子名草決明。療脣口青。一名草蒿。一名萋蒿。生平谷。

雚菌。味鹹平。主心痛。溫中。去長患。白瘲。蟯蟲。蛇螫毒。癥瘕。諸蟲。一名雚蘆。生池澤。

白及。味苦平。主癰腫。惡創。敗疽。傷陰。死肌。胃中邪氣。賊風。鬼擊。痱緩不收。一名甘根。一名連及草。生川谷。

異文本草經曰。白及。一名甘根。一名連及草。味苦辛。治癰腫惡瘡。敗疽。生北山。（太平御覽卷九九〇·藥部七·白及）

大戟。味苦寒。主蠱毒。十二水腫。滿。急痛。積聚。中風。皮膚疼痛。吐逆。一名卬鉅。

異文本草經曰。大戟。一名邛鉅。（太平御覽卷九九二·藥部九·大戟）

澤漆。味苦微寒。主皮膚熱。大腹。水氣。四肢面目浮腫。丈夫陰氣不足。生川澤。

茵芋。味苦溫。主五藏邪氣。心腹寒熱。羸瘦如瘧狀。發作有時。諸關節風溼痹痛。生川谷。

貫衆。味苦微寒。主腹中邪熱氣諸毒。殺三蟲。一名貫節。一名貫渠。一名百頭。一名虎卷。一名扁符。生山谷。

異文本草經曰。貫衆。一名貫節。一名百頭。一名貫渠。一名虎卷。一名扁符。味苦微寒。生山谷。治腹中邪氣諸毒。殺三蟲。生玄山。亦生宛句。（太平御覽卷九九〇·藥部七·貫衆）

一名白頭。（本書注者孫星衍引太平御覽）

貫衆。一名藥藻。（永樂大典卷一一六〇二）

蕘花。味苦平寒。主傷寒溫瘧。下十二水。破積聚。大堅。癥瘕。蕩滌腸胃中留癖飲食。寒熱邪氣。利水道。生川谷。

牙子。味苦寒。主邪氣熱氣。疥搔。惡瘍。創痔。去白蟲。一名狼牙。生川谷。

異文本草經曰。狼牙。一名牙子。味寒。生川谷。治邪氣。去白蟲。疥瘙。生淮南。（太平御覽卷九九三・藥部一〇・狼牙）

羊躑躅。味辛溫。主賊風在皮膚中。淫淫痛。溫瘧。惡毒。諸痹。生川谷。

異文本草經曰。羊躑躅。味辛溫。生川谷。治賊風。濕痺。惡毒。生太行山。（太平御覽卷九九二・藥部九・羊躑躅）

商陸。味辛平。主水張疝瘕痹熨。除癰腫。殺鬼精物。一名葛根。一名夜呼。生川谷。

異文本草經曰。商陸。一名夜乎。（太平御覽卷九九二・藥部九・當陸）

羊蹄。味苦寒。主頭禿疥搔。除熱。女子陰蝕。一名東方宿。一名連蟲陸。一名鬼目。生川澤。

異文本草經曰。羊蹄。一名東方宿。一名連蟲陸。一名鬼目。味苦寒。生川澤。治頭禿。疥瘙。陰熱。無子。生陳留。（太平御覽卷九九五・百卉部二・羊蹄）

本草經曰。鬼目。一名東方宿。一名連蟲陸。名羊蹄。（太平御覽卷九九八・百卉部五・鬼目　文獻通考卷二九九・物異考）

蕳蓄。味辛平。主浸淫。疥搔。疽痔。殺三蟲。生山谷。

異文本草經曰。蕳蕳。一名蕳竹。（太平御覽卷九九八・百卉部五・茿）

狼毒。味辛平。主欬逆上氣。破積聚飲食。寒熱。水氣惡創。鼠瘻。疽蝕。鬼精。蠱毒。殺飛鳥走獸。一名續毒。生山谷。

白頭翁。味苦溫。主溫瘧。狂易。寒熱。癥瘕積聚。癭氣。逐血。止痛。療金瘡。一名野丈人。一名胡王使者。生山谷。

異文本草經曰。白頭翁。一名野丈人。一名胡王使者。味苦溫。無毒。生川谷。治溫瘧。癭氣。狂

易。生嵩山。太平御覽卷九九〇・藥部七・白頭翁

鬼臼。味辛溫。主殺蠱毒鬼注精物。辟惡氣不祥。逐邪。解百毒。一名爵犀。一名馬目毒公。一名九臼。生山谷。

羊桃。味苦寒。主熛熱。身暴赤色。風水積聚。惡瘍。除小兒熱。一名鬼桃。一名羊腸。生川谷。

女青。味辛平。主蠱毒。逐邪惡氣。殺鬼溫瘧。辟不祥。一名雀瓢。

異文本草經曰。女青。一名雀瓢。味辛平。生山谷。治蠱毒。逐邪。殺鬼。生朱崖。太平御覽卷九九三・藥部一〇・女青

連翹。味苦平。主寒熱。鼠瘻。瘰癧。癰腫。惡創。癭瘤。結熱。蠱毒。一名異翹。一名蘭華。一名軹。一名三廉。生山谷。

蘭茹。味辛寒。主蝕惡肉。敗創。死肌。殺疥蟲。排膿惡血。除大風熱氣。善忘不樂。生川谷。

異文本草經曰。閭茹。味辛寒。生川谷。治蝕惡肉。敗瘡。死肌。仍殺疥蟲。除大風。生代郡。太平御覽卷九九一・藥部八・閭茹

烏韭。味甘寒。主皮膚往來寒熱。利小腸旁光氣。生山谷石上。

鹿藿。味苦平。主蠱毒。女子腰腹痛。不樂。腸癰。瘰癧。瘍氣。生山谷。

異文本草經曰。鹿藿。味苦平。無毒。主治蠱毒。女子腰腹痛。不樂。腸癰。瘰癧。瘍氣。生汶山山谷。太平御覽卷九九四・百卉部一・鹿豆

蚤休。味苦微寒。主驚癇。搖頭弄舌。熱氣在腹中。瘨疾。癰創。陰蝕。下三蟲。去蛇毒。一名蚩

休。生川谷。

石長生。味鹹微寒。主寒熱。惡創。火熱。辟鬼氣不祥。一名丹草。生山谷。

異文本草經曰。石長生。一名丹沙草。味鹹微寒。生山谷。治寒熱。惡瘡。火熱。辟惡氣。不祥鬼毒。生咸陽。（太平御覽卷九九一・藥部八・丹草）

陸英。味苦寒。主骨間諸痹。四肢拘攣。疼酸。厀寒痛。陰痿。短氣不足。腳腫。生川谷。

異文本草經曰。陸英。生熊耳山。（太平御覽卷九九一・藥部八・陸英）

藎艸。味苦平。主久欬上氣喘逆。久寒。驚悸。痂疥。白禿。瘍氣。殺皮膚小蟲。生川谷。

異文本草經曰。藎草。味苦。（太平御覽卷九九一・藥部八・藎）

牛扁。味苦微寒。主身皮創。熱氣。可作浴湯。殺牛蝨小蟲。又療牛病。生川谷。

夏枯草。味苦辛。寒熱瘰癧。鼠瘻。頭創。破癥。散癭。結氣。腳腫。溼痹。輕身。一名夕句。一名乃東。生川谷。

芫華。味辛溫。主欬逆上氣。喉鳴。喘咽腫。短氣。蠱毒。鬼瘧。疝瘕。癰腫。殺蟲魚。一名去水。生川谷。

異文本草經曰。芫華。一名去水。味辛溫。治欬逆上氣。殺蟲。生淮原。（太平御覽卷九九二・藥部九・芫華）

巴豆。味辛溫。主傷寒。溫瘧。寒熱。破癥瘕結聚。堅積。留飲。淡癖。大腹水張。蕩練五藏六府。開通閉塞。利水穀道。去惡內。除鬼毒蠱注邪物。殺蟲魚。一名巴叔。生川谷。

異文本草經曰。巴豆。一名巴菽。味辛溫。生川谷。主治溫瘧。傷寒熱。破辟瘕結堅。通六府。去惡肉。除鬼毒邪注。殺蟲。生巴蜀郡。（太平御覽卷九九三·藥部一〇·巴豆）

蜀茮。味辛溫。主邪氣欬逆。溫中。逐骨節。皮膚死肌。寒溼。痹痛。下氣。久服之。頭不白。輕身增年。生川谷。

皁莢。味辛鹹溫。主風痹。死肌。邪氣。風頭。淚出。利九竅。殺精物。生川谷。

柳華。味苦寒。主風水黃疸。面熱黑。一名柳絮。葉主馬疥痂創。實主潰癰。逐膿血。子汁療渴。生川澤。

異文本草經曰。柳花。一名絮。（藝文類聚卷第八十九·木部下）

神農本草經曰。柳花。一名柳絮。（初學記卷二十八·木部·柳）

本草經曰。柳華。一名柳絮。（太平御覽卷九五七·木部六·楊柳下）

本草曰。柳華。一名絮抱。（宋·陸佃·埤雅卷十四）

楝實。味苦寒。主溫疾傷寒。大熱煩狂。殺三蟲疥瘍。利小便水道。生山谷。

郁李仁。味酸平。主大腹水腫。面目四肢浮腫。利小便水道。根。主齒齗腫。齲齒。堅齒。一名爵李。生川谷。

異文本草經曰。郁核。一名爵李。（太平御覽卷九九三·藥部一〇·爵李）

莽草。味辛溫。主風頭癰腫。乳癰。疝瘕。除結氣疥搔。殺蟲魚。生山谷。

異文本草經曰。莽草。味辛溫。生山谷。治風頭癰乳。疝瘕。結氣疥瘙。疽瘡。生還谷。（太平御覽卷九九三·藥部一〇·莽草）

雷丸。味苦寒。主殺三蟲。逐毒氣。胃中熱。利丈夫。不利女子。作摩膏。除小兒百病。生山谷。

異文本草經曰。雷公丸。一名雷矢。味苦寒。生山谷。（太平御覽卷九九〇·藥部七·雷丸）

桐葉。味苦寒。主惡蝕。創著陰皮。主五痔。殺三蟲。華主傅豬創。飼豬。肥大三倍。生山谷。

梓白皮。味苦寒。主熱。去三蟲。葉擣傅豬創。飼豬。肥大三倍。生山谷。

石南。味辛苦。主養腎氣。內傷。陰衰。利筋骨皮毛。實。殺蠱毒。破積聚。逐風痹。一名鬼目。生山谷。

黃環。味苦平。主蠱毒。鬼注。鬼魅。邪氣在臧中。除欬逆寒熱。一名凌泉。一名大就。生山谷。

異文本草經曰。黃環。一名凌泉。一名大就。味苦。生山谷。主治蟲毒。鬼魅。邪氣。欬逆。寒熱。生蜀郡。（太平御覽卷九九三·藥部一〇·黃環）

溲疏。味辛寒。主身皮膚中熱。除邪氣。止遺溺。可作浴湯。生山谷。及田野故丘虛地。

鼠李。主寒熱。瘰癧。創。生田野。

藥實根。味辛溫。主邪氣。諸痹疼酸。續絕傷。補骨髓。一名連木。生山谷。

欒華。味苦寒。主目痛淚出。傷眥。消目腫。生川谷。

蔓椒。味苦溫。主風寒溼痹。癧節疼。除四肢厥氣。膝痛。一名家椒。生川谷及丘冢閒。

豚卵。味苦溫。主驚癇。瘨疾。鬼注。蠱毒。除寒熱。賁豚。五癃。邪氣。攣縮。一名豚顛。懸蹄。主五痔。伏熱在腸。腸癰。內蝕。

麋脂。味辛溫。主癰腫。惡創。死肌。寒風。溼痹。四肢拘緩不收。風頭。腫氣。通湊理。一名官脂。生山谷。

異文本草經曰。麋脂。近陰。令人陰痿。太平御覽卷九八八·藥部五·鹿脂

鼺鼠。主墮胎。令人產易。生平谷。

六畜毛蹄甲。味鹹平。主鬼注。蠱毒。寒熱。驚癇。瘨痓。狂走。駱駝毛。尤良。

蝦蟆。味辛寒。主邪氣。破癥堅。血癰腫。陰創。服之不患熱病。生池澤。

馬刀。味辛微寒。主漏下赤白。寒熱。破石淋。殺禽獸賊鼠。生池澤。

異文本草經曰。馬刀。一曰名蛤。藝文類聚卷九七·鱗介部下·蛤

本草經曰。馬刀。味辛微寒。生池澤。治補中。漏下赤白。留寒熱。破石淋。殺禽獸賊鼠。生江海。太平御覽卷九九三·藥部一〇·馬刀

蛇蛻。味鹹平。主小兒百二十種驚癇。瘛瘲。瘨疾。寒熱。腸痔。蟲毒。蛇癇。火熬之良。一名龍子衣。一名蛇符。一名龍子單衣。一名弓皮。生川谷及田野。

蚯蚓。味鹹寒。主蛇瘕。去三蟲。伏尸。鬼注。蠱毒。殺長蟲。仍自化作水。生平土。

蠮螉。味辛平。主久聾。欬逆。毒氣。出刺出汗。生川谷。

吳蚣。味辛溫。主鬼注蠱毒。噉諸蛇蟲魚毒。殺鬼物老精。溫瘧。去三蟲。生川谷。

異文一名至掌。（本書注者孫星衍引太平御覽云云大觀本水蛭下）

水蛭。味鹹平。主逐惡血瘀血。月閉。破血瘕積聚。無子。利水道。生池澤。

異文本草經曰。水蛭。一名至掌。味鹹。治惡血瘀結。水閉。破凝積。利水道。（太平御覽卷九五〇·蟲豸部七·水蛭）

班苗。味辛寒。主寒熱。鬼注。蠱毒。鼠瘻。惡創。疽蝕。死肌。破石癃。一名龍尾。生川谷。

異文本草經曰。班貓。一名龍尾。味寒。生谷。（太平御覽卷九五一·蟲豸部八·班貓）

貝子。味鹹平。主目翳。鬼注。蠱毒。腹痛。下血。五癃。利水道。燒用之良。生池澤。

異文本草經曰。貝子。一名貝齒。生東海。（藝文類聚卷八四·寶玉部下·貝　太平御覽卷八〇七·珍寶部六·貝）

石蠶。味鹹寒。主五癃。破石淋。墮胎。內解結氣。利水道。除熱。一名沙蝨。生池澤。

異文本草經曰。沙虱。一名石蠶。（太平御覽卷九五〇·蟲豸部七·沙虱）

雀甕。味甘平。主小兒驚癇。寒熱。結氣。蠱毒。鬼注。一名躁舍。

蜣蜋。味鹹寒。主小兒驚癇。瘈瘲。腹張。寒熱。大人瘨疾狂易。一名蛣蜣。火熬之良。生池澤。

螻蛄。味鹹寒。主產難。出肉中刺。潰癰腫下。哽噎。解毒。除惡創。一名蟪蛄。一名天螻。一名轂。夜出者良。生平澤。

異文本草經曰。螻蛄。一名天螻。一名螜。產難出。刺在肉中。潰癰腫下。哽咽。解毒。愈惡瘡。（太平御覽卷九四八·蟲豸部五·螻蛄）

本草又謂。螻蛄為石鼠。（藝文類聚卷九五・獸部下・鼠）

馬陸。味辛溫。主腹中大堅癥。破積聚。息肉。惡創。白禿。一名百足。生川谷。

異文本草經曰。馬陸。一名百足。（太平御覽卷九四八・蟲豸部五・馬蚿）

地膽。味辛寒。主鬼注。寒熱。鼠瘻。惡創。死肌。破癥瘕。墮胎。一名蚖青。生川谷。

附錄本草經曰。元青。春食芫華。故云元青。秋為地膽。地膽黑頭赤。味辛。有毒。主蠱毒風注。秋食葛華。故名之為葛上亭長。（太平御覽卷九五一・蟲豸部八・地膽）

鼠婦。味酸溫。主氣癃。不得小便。女人月閉。血癥。癇痓。寒熱。利水道。一名負蟠。一名蛜威。生平谷。

熒火。味辛微溫。主明目。小兒火創傷。熱氣。蠱毒。鬼注。通神。一名夜光。生池澤。

異文本草經曰。螢。一名夜光。一名即照。一名熠燿。（太平御覽卷九四五・蟲豸部二・螢）一名熠耀。一名即炤。（本書注者孫星衍引太平御覽）

衣魚。味鹹溫。無毒。主婦人疝瘕。小便不利。小兒中風。項強。背起摩之。一名白魚。生平澤。

異文本草經曰。白魚。一名衣魚。治婦人疝疵。小便不利。小兒頭中風。項彊。皆宜摩之。生咸陽。（太平御覽卷九四六・蟲豸部三・白魚）小便泄利。（本書注者孫星衍引太平御覽）

桃核仁。味苦平。主瘀血。血閉瘕邪。殺小蟲。

桃花。殺注惡鬼。令人好顏色。

桃梟。微溫。主殺百鬼精物。

桃毛。主下血瘕寒熱。積寒無子。

桃蠹。殺鬼邪惡不祥。生川谷。

杏核仁。味甘溫。主欬逆上氣。雷鳴。喉痹下氣。產乳。金創。寒心。賁豚。生川谷。

腐婢。味辛平。主痎瘧。寒熱。邪氣。洩利。陰不起。病酒。頭痛。生漢中。

異文本草經曰。腐婢。小豆花也。（太平御覽卷九九三・藥部一〇・腐婢）

苦瓠。味苦寒。主大水。面目四肢浮腫。下水。令人吐。生川澤。

水靳。味甘平。主女子赤沃。止血養精。保血脈。益氣。令人肥健。嗜食。一名水英。生池澤。

彼子。味甘溫。主腹中邪氣。去三蟲。蛇螫。蠱毒。鬼注。伏尸。生山谷。

三合。合三百六十五種。法三百六十五度。一度應一日。以成一歲。

藥有君臣佐使。以相宣攝合和。宜用一君。二臣。三佐。五使。又可一君。三臣。九佐使也。

藥有陰陽。配合。子母兄弟。根莖華實。草石骨肉。有單行者。有相須者。有相使者。有相畏者。有相惡者。有相反者。有相殺者。凡此七情。合和時之當用。相須相使者良。勿用相惡相反者。若有毒宜制。可用相畏相殺者。不爾。勿合用也。

藥有酸鹹甘苦辛五味。又有寒熱溫涼四氣。及有毒無毒。陰乾暴乾。采造時月。生熟土地。所出真偽陳新。並各有法。

藥性有宜丸者。宜散者。宜水煮者。宜酒漬者。宜膏煎者。亦有一物兼宜者。亦有不可入湯酒者。並隨藥性。不得違越。

欲療病先察其原。先候病機。五臧未虛。六府未竭。血脈未亂。精神未散。服藥必活。若病已成。可得半愈。病勢已過。命將難全。

若用毒藥療病。先起如黍粟。病去即止。不去。倍之。不去。十之。取去為度。

療寒以熱藥。療熱以寒藥。飲食不消。以吐下藥。鬼注蠱毒。以毒藥。癰腫創瘤。以創藥。風溼。以風溼藥。各隨其所宜。

病在胸膈以上者。先食後服藥。病在心腹以下者。先服藥而後食。病在四肢血脈者。宜空腹而在旦。病在骨髓者。宜飽滿而在夜。

夫大病之主。有中風傷寒。寒熱溫瘧。中惡霍亂。大腹水腫。腸澼下利。大小便不通。賁肫。上氣。欬逆。嘔吐。黃疸。消渴。留飲。癖食。堅積。癥瘕。驚邪。瘨癇。鬼注。喉痹。齒痛。耳聾。目盲。金創。踒折。癰腫。惡創。痔瘻。癭瘤。男子五勞七傷。虛乏羸瘦。女子帶下崩中。血閉陰蝕。蟲蛇蠱毒所傷。

此大略宗兆。其閒變動枝葉。各宜依端緒以取之。本卷以上正文據清孫星衍引宋大觀本神農本草經

炎帝集卷六

神農本草經・新輯其一

本草經曰。太一子曰。凡藥上者養命。中藥養性。下藥養病。神農乃作赭鞭鉤𨪐。從六陰陽。與太一外。五岳四瀆。土地所生草石。骨肉心皮毛羽。萬千類。皆鞭問之。得其所能治主。當其五味。一日七十毒。（太平御覽卷九八四・藥部一・藥）

異文故神農曰。上藥養命。中藥養性。（三國魏・嵇康・養生論　文選卷五十三・養生論注　太平御覽卷七二〇・方術部一・養生）

本草經曰。太一子曰。凡藥上者養命。中者養性。下者養病。（藝文類聚卷八一・香草部・藥）

神農經曰。上藥令人身安命延。（太平御覽卷六六九・道部一一・服餌上）

又云。餌。五芝。丹砂。曾青。雲母。太一禹餘糧。各以單服。令人長生。中藥養性。下藥除病。此上聖之至言。方術之實錄也。仙藥之上者。丹砂。次者黃金。白銀。衆芝。五玉。五雲。明珠也。黃精與朮。餌之郤粒。或遇凶年可以絕粒。謂之米脯。（太平御覽卷六六九・道部一一・服餌上）

神農本草經・新輯其二

神農經曰。藥物有大毒。不可入口鼻耳目者。即殺人。一曰鉤吻。二曰鴟。三曰陰命。四曰內童。五曰鴆。（晉・張華・博物志卷七）

神農本草經·新輯其三

神農經曰。

藥種有五物。一曰狼毒。占斯解之。二曰巴豆。藿汁解之。三曰黎。蘆湯解之。四曰天雄。烏頭。大豆解之。五曰班茅。戎鹽解之。毒采害小兒。乳汁解。先食。飲二升。（晉·張華·博物志卷七）

神農本草經·新輯其四

神農經曰。

上藥養命。謂五石之練形。六芝之延年也。中藥養性。謂合歡蠲忿。萱草忘憂。下藥治病。謂大黃除實。歸止痛。夫命之所以延。性之所以和。病之所以愈。是當其藥。應其病也。違其藥。失其應。即怨天尤人。設鬼神矣。（晉·張華·博物志卷七　初學記卷二十七·草部·萱　文選卷五十三·養生論注）

本草經曰。萱。一名忘憂。一名宜男。一名歧女。（太平御覽卷九九六·百卉部三·萱）

本草經云。萱。一名忘憂。一名鹿葱。（宋·陳造·雲麓漫鈔卷四）

神農本草經·新輯其五

神農經曰。

食草者壯健多力。食肉者勇悍輕疾。食穀者智慧聰明。食石者肥澤不老。食芝者延年不死。食元氣者

地不能埋。天不能殺。（唐・范脩然・至言總卷二）

附錄食草者善走而愚。食肉者多力而悍。食穀者智而不壽。食氣者神明不死。（抱朴子內篇・雜應）

黃帝問曰。穀之五味所主。可得聞乎。（南朝梁・養性延命錄卷上）

伯高對曰。夫食風者則有靈而輕舉。食氣者則和靜而延壽。食穀者則有智而勞神。食草者則愚癡而多力。食肉者則勇猛而多嗔。（孫真人備急千金要方卷七十九）

神農本草經・新輯其六

神農本草云。

雞卵可作琥珀。其法取伏。卵黃白渾雜者。熟煮之。及尚軟。隨意刻作物形。以苦酒漬數宿。既堅。內著粉中。佳者乃亂真矣。此世所恆用。作無不成者。（晉・張華・博物志卷七）

異文取雞卵㲉黃白渾雜者。熟煮。及尚軟。隨意刻作物。以苦酒漬數宿。既堅。內著粉中。佳者亂真。（法苑珠林卷三十二）

取雞卵黃白渾雜者。熟煮。及尚軟。隨意刻作物。以苦酒漬數宿。既堅。內着杓中。佳者亂真矣。此出所常用。作無不成。（太平御覽卷八〇八・珍寶部七・虎魄）

雞卵可以作虎魄。法取茯苓。雞假卵黃白渾雜者。熟煮之。及尚軟。隨意刻作物形。以苦酒漬數宿。既堅。內着粉中。假者乃亂真。此世所恒用。作無不成也。（太平御覽卷九一八・羽族部五・雞）

神農本草經·新輯其七

神農本草曰。

地有固活。女疏。銅芸。紫菀之族也。（水經注卷六·涞水）

神農本草經·新輯其八

垩。白垩。本草云。

一名白墡也。（史記卷一百十七·列傳第五十七注）

神農本草經·新輯其九

本草云。

薰草。一名蕙。（史記卷一百十七·列傳第五十七注 宋·張淏·雲谷雜紀卷一）

神農本草經·新輯其十

本草云。

石決明。一名鰒魚。（後漢書卷二十六·列傳第十六注）

異文本草經曰。石決明。味酸。（太平御覽卷九八八·藥部五·決明）

神農本草經・新輯其十一

神農本草**曰**。

神農稽首再拜。問於太一小子。為衆子之長矜。其飢寒勞苦。其晝即弦矣。逐狩求食飲水。夜則巖穴。飲處居無處所。小子矜之道。時風雨殖種五穀。去溫燥隧。隨逐寒暑。不憂飢寒。風雨疾苦。（北堂書鈔卷一五八・地部二・穴篇）

神農本草經・新輯其十二

神農本草**曰**。

神農稽首再拜。問於太一小子。曰。曾聞古之時。壽過百歲。而殂落之。咎獨何氣使然耶。太一小子曰。天有九門。中道最良。神農乃從其嘗藥以救人命。（太平御覽卷七八・皇王部三・炎帝神農氏）

異文太乙子曰。天有九門。中道最長。日月由此行之。名日國也。（北堂書鈔卷一四九・天部一・天）

神農本草經・新輯其十三

本草。

梅核能益氣不飢。（藝文類聚卷八六・果部上・梅）

神農本草經・新輯其十四

本草經曰。

芋土芝。八月採。藝文類聚卷八七・果部下・芋　太平御覽卷九七五・果部一二・芋

神農本草經・新輯其十五

本草經曰。

梟桃。在樹不落。殺百鬼。藝文類聚卷八六・果木部・桃　太平御覽卷八八四・神鬼部四・鬼下　初學記卷二十八・果部上・桃

異文梟桃。主殺百鬼。精物。宋・陸佃・埤雅卷十三

神農本草經・新輯其十六

神農本草曰。

常山有草。名神護。置之門上。每夜叱人。初學記卷五・地理上・恒山　永樂大典卷三〇〇〇

異文名神農。太平御覽卷三九・地部四・恒山

神農本草經・新輯其十七

本草曰。

玉。其味甘。生如白頭公。服之延年。初學記卷二十七・寶器部・玉

神農本草經・新輯其十八

本草**曰**。

稷米。甘。無毒。主益氣。補不足。初學記卷二十七・草部・五穀

異文甘而無毒。益志氣。太平御覽卷八四〇・百穀部三・稷

稷木。甘。無毒。主益氣。補不足。永樂大典卷二〇四二五

神農本草經・新輯其十九

本草**曰**。

白粱。味甘微寒。無毒。主除熱。益氣。有襄陽竹根者最佳。黄粱出青冀。初學記卷二十七・草部・五穀

異文黄粱出青異。太平御覽卷八四二・百穀部六・粱

神農本草經・新輯其二十

本草經**曰**。

粳米味苦。主溫。米粒白如霜。初學記卷二十七・草部・五穀

神農本草經・新輯其二十一

本草經曰。

菊有筋菊。有白菊。黃菊。菊花一名節花。一名傳公。一名延年。一名白花。一名日精。一名更生。又云。陰威。一名朱嬴。一名女花。其菊有兩種者。一種紫莖。氣香而味甘美。葉可作羹。為真菊。一種青莖而大。作蒿艾。氣味苦。不堪食。名薏。非真菊也。初學記卷二十七・草部・菊

異文花一名節花。一名陰威。一名朱嬴。一名女菊。其菊有兩種。菊一種青莖而大。名薏。非真菊也。太平御覽卷九九六・百卉部三・菊

神農本草經・新輯其二十二

本草曰。

李根。治瘡。服其花。令人好顏色。凡李實。熟食之皆好。除固熱。調中。食之。不可合雀肉食。又不可臨水上啖之。李皮水煎。含之治齒痛。初學記卷二十八・果木部・李

神農本草經・新輯其二十三

本草曰。

柰。味苦。令人臆脹。病人不可多食。初學記卷二十八・果木部・柰　太平御覽卷九七〇・果部七・棎

神農本草經・新輯其二十四

本草云。

玉桃。服之長生不死。（初學記卷二十八・果木部・桃）

異文神農經曰。玉桃。服之長生不死。若不得早服之。臨死日服之。其尸畢天地不朽。（太平御覽卷九六七・果部四・桃）

神農本草經・新輯其二十五

本草曰。

櫻桃。味甘。主調中。益脾氣。令人好顏色。美志氣。一名牛桃。一名麥英。（初學記卷二十八・果木部・櫻桃）

神農本草經・新輯其二十六

本草曰。

凡棗。九月採日乾。補中益氣。久服。神仙。（初學記卷二十八・果木部・棗　太平御覽卷九六五・果部二・棗）

神農本草經・新輯其二十七

本草曰。

鼷鼠。世中一名隱鼠。形如鼠而無尾。黑色長鼻。（初學記卷二十九・獸部・鼠）

異文鼷鼠。一名隱鼠。形如鼠。大而無尾。黑色長鼻。（太平御覽卷九一一・獸部二三・鼠）

神農本草經・新輯其二十八

本草曰。

烏雞。主補中。（初學記卷三十・鳥部・雞）

神農本草經・新輯其二十九

本草曰。

五月五日。鵲腦入術家用。一名駮鳥。（初學記卷三十・鳥部・鵲）

神農本草經・新輯其三十

神農本草經曰。

桂葉。冬夏常青不枯。（文選卷十一・遊天台山賦注）

神農本草經・新輯其三十一

神農本草曰。

春夏為陽。（文選卷十六・閑居賦注　文選卷十八・長笛賦注　文選卷二十二・登池上樓注　文選卷二十九・古詩注　文選卷三十一・學劉公幹體一首注　文選卷三十四・七發注）

神農本草經・新輯其三十二

神農本草曰。

秋冬為陰。（文選卷十四・舞鶴賦注　文選卷十六・閑居賦注　文選卷二十二・登池上樓注　文選卷二十九・古詩注　文選卷二十八・猛虎行注）

神農本草經・新輯其三十三

神農本草曰。

春為陽。陽溫生萬物。（文選卷二十・閑中詩注）

神農本草經・新輯其三十四

細掐徐聞鼠耳香。本草云。

葉似鼠耳。莖赤。可生食。（唐・皮日休・魯望以躬掇野蔬兼示雅什用以酬謝）

神農本草經・新輯其三十五

本草曰。

敗天公。主鬼注精魅。（太平御覽卷七六五・器物部一〇・蓑笠）

神農本草經・新輯其三十六

本草曰。

貍肉。甘。無毒。主風濕鬼毒氣。皮中如針鋏。（太平御覽卷九一二・獸部二四・貍）

神農本草經・新輯其三十七

本草經曰。

丹雞。一名載丹。（太平御覽卷九一八・羽族部五・雞）

神農本草經・新輯其三十八

神農本草曰。

鸛骨。味甘。無毒。治鬼虫諸痓。五尸心。腹疾。（太平御覽卷九二五・羽族部一二・鸛雀）

神農本草經・新輯其三十九

神農本草曰。

鴆。生南郡。大毒。入五藏。爛。殺人。（太平御覽卷九二七·羽族部一四·鴆）

神農本草經·新輯其四十

本草經曰。

玳瑁。解毒。兼云辟邪。（太平御覽卷九四三·鱗介部一五·玳瑁）

異文玳瑁。解毒。其大者悉婆薩石。（太平廣記卷四六五·水族·玳瑁）

神農本草經·新輯其四十一

本草經曰。

瓜。一名土芝。（太平御覽卷九七八·菜茹部三·瓜）

神農本草經·新輯其四十二

本草曰。

龍腦香。味苦微寒。主心腹邪氣。風濕積聚。出婆律國。形似白松脂。作杉木氣。明淨者善。云合粳米灰。相思子。貯之則不耗。樹似杉。言婆律膏。是樹根下清脂。龍腦是樹中軋脂。子似豆冠。（太平御覽卷九八一·香部一·龍腦）

神農本草經·新輯其四十三

本草經曰。

青石英。形如白石英。青端赤後者是。（太平御覽卷九八七·藥部四·青石英）

神農本草經·新輯其四十四

本草經曰。

赤石英。形如白石英。形赤端（闕）故赤澤有光。味苦。補心氣。（太平御覽卷九八七·藥部四·赤石英）

神農本草經·新輯其四十五

本草經曰。

黃石英。形如白石英。黃色如金。在端者是。（太平御覽卷九八七·藥部四·黃石英）

神農本草經·新輯其四十六

本草經曰。

黑石英。形如白石英。黑澤有光。（太平御覽卷九八七·藥部四·黑石英）

神農本草經・新輯其四十七

本草經曰。

石流青。青白色。主益肝氣。明目。太平御覽卷九八七・藥部四・石流青

神農本草經・新輯其四十八

本草經曰。

石流赤。生羌道山谷。太平御覽卷九八七・藥部四・石流赤

神農本草經・新輯其四十九

本草經曰。

石肺。一名石肝。黑澤。有赤文。如覆肝。置水中即乾濡。主益氣。明目。生水中。太平御覽卷九八七・藥部四・石肺

神農本草經・新輯其五十

本草經曰。

石脾。一名胃口。一名腎石。赤文。主治胃中寒熱。太平御覽卷九八七・藥部四・石脾

神農本草經·新輯其五十一

本草經曰。

犀牛角。味鹹。治百毒。（太平御覽卷九八八·藥部五·犀牛角）

神農本草經·新輯其五十二

本草經曰。

靈羊角。安心氣。不猒。（太平御覽卷九八八·藥部五·靈羊角）

神農本草經·新輯其五十三

本草經曰。

零羊角。味鹹。無毒。主療青盲。蟲毒。去惡鬼。安心氣。彊筋骨。（通志卷一百九十七·四夷傳第四）

神農本草經·新輯其五十四

本草經曰。

蘞辟。不祥。生淮南。（太平御覽卷九八八·藥部五·蘞頭）

神農本草經・新輯其五十五

本草經曰。占斯。一名虞及。味苦。（太平御覽卷九九一・藥部八・占斯）

神農本草經・新輯其五十六

本草經曰。爵麻。生漢中。（太平御覽卷九九一・藥部八・爵麻）

神農本草經・新輯其五十七

本草經曰。盧精。治蠱毒。味辛平。生益州。（太平御覽卷九九一・藥部八・盧精　永樂大典卷八五二七）

神農本草經・新輯其五十八

本草經曰。綸布。一名昆布。味酸寒。無毒。主十二種水腫。瘿瘤。聚結氣。瘘瘡。生東瘡。（太平御覽卷九九二・藥部九・綸布）

神農本草經・新輯其五十九

本草經曰。

忍冬。味甘。久服。輕身。（太平御覽卷九九三・藥部一〇・忍冬）

神農本草經・新輯其六十

本草云。

自呼鉤輈格磔。（太平廣記卷四六一・禽鳥・鷓鴣 宋・葉廷珪・海錄碎事卷二十二上）

異文鷓鴣。形似母雞。鳴云鉤輈格磔。（宋・陸佃・埤雅卷七）

神農本草經・新輯其六十一

本草曰。

桂。生山谷間。久服。令人身輕。（太平寰宇記卷一百六十二）

神農本草經・新輯其六十二

本草言。

薑。食多損智。（仇池筆記卷上）

神農本草經・新輯其六十三

本草云。

熟地黃。麥門冬。車前子相雜。治內障眼有效。（仇池筆記卷下）

神農本草經・新輯其六十四

本草曰。

菴摩勒油。可染白髮。即餘甘子也。（宋・高似孫・緯略卷四 永樂大典卷八八四一）

神農本草經・新輯其六十五

本草曰。

丹砂。雄黃。雌黃。皆殺精魅。（宋・高似孫・緯略卷五）

神農本草經・新輯其六十六

本草經曰。

蟹爪。破墮胎。

神農本草經・新輯其六十七

本草經曰。

蟹足。節屈曲。行則旁横。

神農本草經・新輯其六十八

本草曰。

蟹。性寒。味醎。

神農本草經・新輯其六十九

本草曰。

蟹。性寒。有毒。

神農本草經・新輯其七十

本草曰。

蟹。至八月。啣稻芒。兩莖長寸許。（以上宋・高似孫・蟹略卷一）

異文蟹。至八月即啗芒。（宋・傅肱・蟹譜卷上）

神農本草經·新輯其七十一

本草曰。

蟹。取無時。（宋·高似孫·蟹略卷三）

神農本草經·新輯其七十二

本草云。

蟹。雖消食。治胃氣。理經絡。然腹中有毒。中之或致死。

神農本草經·新輯其七十三

本草云。

蟹蛸。味鹹。性寒。有毒。主胸中邪氣。（以上宋·傅肱·蟹譜卷上）

神農本草經·新輯其七十四

本草云。

蝤蛑。隨潮退殼。一退一長。（宋·高似孫·蟹略卷三）

神農本草經・新輯其七十五

本草曰。

楮。一名穀。

神農本草經・新輯其七十六

本草云。

橘皮。味苦。柚皮。味甘。（以上宋・陸佃・埤雅卷十三）

神農本草經・新輯其七十七

本草經曰。

尋萬物之性。皆有離合。（宋・陸佃・埤雅卷十五）

神農本草經・新輯其七十八

本草云。

瓠類小者名瓢。瓢取諸藻。蒲取諸蒲。其義一也。

神農本草經·新輯其七十九

茺苜。按本草云。

生平澤丘陵阪道中。然則一名勝舄。（以上宋·陸佃·埤雅卷十六）

神農本草經·新輯其八十

本草曰。

葵。為百菜之主。豈亦以此乎。（宋·陸佃·埤雅卷十七）

神農本草經·新輯其八十一

苓。本草云。

一名國老。解百藥毒。

神農本草經·新輯其八十二

鬱。本草云。

其香。十二葉。為百草之英。（以上宋·陸佃·埤雅卷十八）

神農本草經·新輯其八十三

本草。

蟬殼。謂之蟬花。宋·姚寬·西溪叢語卷下

神農本草經·新輯其八十四

本草云。

日柹。治腸僻。解熱毒。消宿血。宋·洪興祖·泊宅編卷八

神農本草經·新輯其八十五

本草。

紅藍花。堪作燕脂。宋·陳造·雲麓漫鈔卷七

神農本草經·新輯其八十六

本草。

酒。大熱有毒。能行百藥。宋·莊綽·雞肋編卷上

神農本草經・新輯其八十七

本草亦云。

好玉。出藍田。（宋・張世南・游宦紀聞卷五）

神農本草經・新輯其八十八

本草云。

石亭脂。味酸溫。有毒。主治婦人陰蝕。疽痔。惡血。堅筋骨。治頭禿。心腹積聚邪氣。冷癖在肋。嘔逆上氣。腳冷。疼弱無力。及鼻衄惡瘡。並下部漏瘡。止血殺疥蟲。治腳氣。男子陰痿。陽道衰弱。婦人體冷血氣。腹內雷鳴。（雲笈七籤卷七十一）

神農本草經・新輯其八十九

本草經云。

鐵。味辛甘平。而無毒。（雲笈七籤卷七十八）

神農本草經・新輯其九十

本草云。

陟釐。味甘大溫。無毒。（宋・朱長文・墨池編卷六）

神農本草經・新輯其九十一

本草云。君遷樹。高丈餘。子中有汁如乳。（能改齋漫錄卷七）

神農本草經・新輯其九十二

本草云。按用藥如立人之制。若多君少臣。多臣少佐。見氣力不周也。

神農本草經・新輯其九十三

本草云。上品藥。性亦皆能遣疾。但其勢力和厚。不為倉卒之效。（以上宋・葉廷珪・海錄碎事卷十四）

神農本草經・新輯其九十四

燕麥一名雀麥。本草云。

生故墟野林下。苗似小麥而弱。實似穬麥而大。宋・葉廷珪・海錄碎事卷十七

神農本草經・新輯其九十五

本草曰。

螺。生雲南者。大如掌。青黃色。取饜燒灰合香者。多用之。謂能發香也。錦繡萬花谷前集卷三十二

神農本草經・新輯其九十六

本草云。

菰。又謂之茭白。歲久。中心生白臺。謂之菰米。其臺中有黑者。謂之茭鬱。至後結實。乃彫胡黑米也。錦繡萬花谷前集卷三十六

神農本草經・新輯其九十七

本草云。

粳米。味甘。稻味苦。錦繡萬花谷前集卷三十八

神農本草經・新輯其九十八

本草云。

鬼臼也。歲生一臼。如黄精之堅瘦。可以辟穀。（全芳備祖集後集卷十一）

神農本草經・新輯其九十九

本草。

甘瓠。味甘冷。無毒。利水道。（永樂大典卷二二五九）

神農本草經・新輯其一百

本草。

相烏。味苦。主陰痿。一名烏葵。如蘭香。赤莖。生山陽。五月十五日採。陰乾。（永樂大典卷二三四六）

神農本草經・新輯其一百一

神農本草云。

凡禽鳥飛投於人。其口體內必有物。中傷。當除其害而放之。大獲吉利。必亨高年。（永樂大典卷八五六九）

神農本草經・新輯其一百二

本草曰。

麋。春遊牝既多。即瘦瘠。食此物。乃復肥盛。。因即事名之麋銜。永樂大典卷九七六二

神農本草經・新輯其一百三

本草。

白玉髓。味甘平。無毒。主婦人無子。不老延年。生藍田玉石間。永樂大典卷一一〇七七

神農本草經・新輯其一百四

本草云。

伏翼。居山洞中千歲。體白如雪。棲則倒懸。蓋腦重也。得而服之。長生。明・程涓・賢博編

神農本草經・新輯其一百五

本草。

瓦衣。謂之屋遊。明・葉子奇・草木子卷四下・雜俎篇

附錄：參考書目

神農二十篇漢書卷三十·藝文志第十

神農本草五卷隋書卷三十四·志第二十九

神農明堂圖一卷隋書卷三十四·志第二十九

神農重卦經二卷隋書卷三十四·志第二十九

神農大幽五行二十七卷漢書卷三十·藝文志第十

神農雜子技道二十三卷漢書卷三十·藝文志第十

神農黄帝食禁七卷漢書卷三十·藝文志第十

神農本草八卷隋書卷三十四·志第二十九

神農本草屬物二卷隋書卷三十四·志第二十九

神農採藥經二卷隋書卷三十四·志第二十九

神農兵法一篇漢書卷三十·藝文志第十

神農教田相土耕種十四卷漢書卷三十·藝文志第十

神農五藏論一卷宋史卷二百七·志第一百六十　崇文總目卷七

神農食忌一卷宋史卷二百七·志第一百六十　崇文總目卷七